Pr Damien Léger

La France insomniaque

Odile Jacob

© Odile Jacob, mai 2025
3, rue Auguste-Comte, 75006 Paris

www.odilejacob.fr

ISBN : 978-2-4150-1187-1

À toute l'équipe du Centre du sommeil
et de la vigilance de l'Hôtel-Dieu-AP-HP
et à l'équipe de recherche VIFASOM
de l'université Paris Cité.

AVANT-PROPOS

Une France sans sommeil

Il n'a fallu que quelques décennies pour transformer notre société encore pastorale et rurale, fortement guidée par les saisons et soumise à l'alternance saisonnière du rythme jour-nuit, en une époque urbaine et industrielle où il devient presque interdit de dormir de manière publique. Je me souviens enfant, au cours de l'été, avoir croisé, en pleine journée, des familles allongées après un bon déjeuner dormant en plein air, sur des couvertures étalées sur l'herbe, ou sur leurs vestes, une heure ou deux, la tête parfois protégée du soleil par un chapeau ou un journal. Et aussi des personnes âgées, assises devant leur maison, sommeillaient tranquillement en attendant des visites. Des enfants et même des adolescents faisaient la sieste, sans portable ni tablette, dans la sourde chaleur du début d'après-midi.

Ailleurs aussi, en Chine, au début des années 2000, les vendeurs allongés à tour de rôle sur leurs bancs des magasins, repliés sur eux-mêmes dans les transports publics, ou par terre devant leurs vélos, dans les trains, dans les gares, indifférents au rythme effréné. En Inde, un sommeil sans tabou dans les rues, sans doute plus facilement public pour les hommes que pour les femmes, celles-ci se reposant plutôt à l'abri des maisons ou allongées à l'arrière des rickshaws. Un sommeil naturel.

Aujourd'hui, c'est comme s'il était interdit de dormir : peur du regard des autres, de sa faiblesse, crainte pour sa sécurité, ou transformation bien réelle de la société qui nous a fait sortir de nos rêves et nous tenir toujours éveillés.

CHAPITRE 1

Interdit de dormir au travail

S'il y a un secteur où il est bien sûr interdit de dormir dans la journée, c'est au travail ou on se doit de paraître toujours vigilant et en forme quels que soient les conditions, les horaires et la charge de travail. La tête qui dodeline dans une réunion est d'abord moquée gentiment, puis si cela continue, reprise fermement par le manager qui dira au « récidiviste » : « Il faut moins faire la fête le soir. » « On n'est pas payés à faire la sieste. » Le mode d'organisation des bureaux en open space laisse encore moins de chance aux adeptes de la sieste, chacun surveillant l'autre sans en avoir l'air. Depuis la mise en place systématique du télétravail, il est pourtant probable et notoire que beaucoup puissent enfin faire la sieste un ou deux jours par semaine sans avoir à s'en justifier.

Articuler sommeil et travail

Le droit du travail et la sieste

Mais le droit du travail français ne réglemente pas la possibilité d'une sieste au travail, contrairement au droit du travail japonais ou au droit chinois qui ont inclus la possibilité de sieste dans la constitution. Et les rares cas de jurisprudence de la Cour de cassation rapportant des conflits autour des endormissements au travail ne sont pas très encourageants pour les adeptes de la sieste en France.

Ainsi cette décision de la Cour de cassation n° 1626-095 de 2012 qui aborde sincèrement la question dans sa description.

> « Agent de maîtrise et responsable du laboratoire de qualité de notre société, vous étiez le seul salarié de votre service présent pour assurer l'activité le vendredi 5 octobre 2012 ; en début d'après-midi, la responsable administrative de notre société, en ouvrant la porte de votre bureau et après avoir entendu le bruit d'une chute d'une petite barre métallique, vous a surpris allongé, derrière la machine à traction, vous réveillant par surprise. Celle-ci n'a pas été dupe sur le fait que l'utilité de cette barre métallique était de vous prévenir de l'entrée d'une personne par le bruit produit par sa chute ; le jour même, un peu plus tard, un de vos collègues, agent de la logistique, est passé par votre laboratoire afin de vous saluer. Or, en ouvrant la porte, il vous a aperçu allongé, clairement endormi et ronflant et ce, toujours derrière la machine à traction […] à ce jour, la réitération de ces faits n'est pas tolérable ; ils remettent en cause la confiance qui vous était accordée jusqu'à présent ; en effet, votre fonction ainsi que votre catégorie professionnelle requièrent de votre part une grande attention

ainsi qu'une totale concentration sur votre poste de travail [...] ce comportement est tout à fait inacceptable puisqu'il contrevient aux attentes légitimes de notre société à l'égard d'un salarié et caractérise le non-respect manifeste de votre contrat [...] compte tenu de la gravité des faits, votre maintien dans l'entreprise s'avère impossible, y compris pendant la durée de votre préavis... »

Et aussi cette décision de la Cour de cassation n° 1614-179 de 2017 plus grave, puisqu'évoquant un accident mortel lié à la somnolence du salarié qui se traduit par son habitude de faire la sieste régulièrement.

« Par ailleurs, au cours de l'entretien, l'accident de la route dans lequel vous êtes impliqué a été évoqué. En effet, jeudi 17 mars à 4 h 30 du matin, vous avez percuté un automobiliste à l'entrée de Blainville en vous rendant sur votre lieu de travail avec votre véhicule personnel. Dans cet accident, le jeune homme qui arrivait en face est décédé sur le coup. Légèrement blessé physiquement, vous avez été en arrêt de travail pendant deux semaines mais, comme vous, nous ne vous imaginons plus à bord d'un poids lourd de 44 tonnes. À la suite de l'enquête de gendarmerie, à laquelle nous avons également été confrontés, vous avez récupéré votre permis de conduire. En présence de Mme A, vous avez reconnu vous être endormi et provoqué l'accident mortel. Vous avez en outre été reconnu apte à retravailler par le médecin du travail lors de votre visite de reprise du 29 avril 2011. En revanche, vous n'avez pas évoqué avec le docteur en charge de votre dossier lors de cette visite médicale, vos réels problèmes de somnolence, d'assoupissements inopinés. Vous lui avez sciemment dissimulé par exemple que vous profitiez quotidiennement des déchargements pour faire la sieste. Naturellement, cette pratique sous-entendait que le cariste vous réveille jusqu'à parfois trois reprises pour charger entièrement votre remorque. Les fournisseurs de nos clients nous ont régulièrement fait part de vos mauvaises habitudes. […] Ces éléments laissent à penser que M. B était, à la date de son licenciement, un adepte de la sieste, y compris les jours durant lesquels il exerçait son activité professionnelle, aucun autre élément du dossier n'établit qu'il aurait volontairement dissimulé au médecin du travail le fait de présenter les signes d'une maladie telle que narcolepsie, cataplexie ou hypersomnie, à l'évidence radicalement incompatible avec l'exercice de sa profession de chauffeur routier. »

Inversement, s'endormir à son poste de travail à 4 heures 30 du matin pour un salarié de 50 ans, qui n'avait pas de travail de sécurité, ne semble pas une cause de licenciement valable selon la décision de la Cour de cassation n° 18-10.628 du 23 octobre 2019.

« En second lieu de l'absence de M. F à son poste de travail le 29 janvier 2014 à 4 h 30, le fait était réel ; qu'il avait été constaté ; que cependant le salarié n'était pas à l'extérieur de l'entreprise, mais avait été trouvé assis au bureau de M. E, son supérieur, par celui-ci "lumière éteinte, les yeux rougis par la fatigue" ; que selon le témoignage de M. E, le salarié, le lendemain, avait envoyé "un SMS à son responsable fonctionnel disant qu'il a des problèmes personnels" ; qu'un tel fait, certes fautif, n'empêchait pas la poursuite du contrat de travail pendant la période préavis ; qu'au regard d'un parcours professionnel de plus de vingt-trois ans sans la moindre difficulté, ni la moindre remarque, le licenciement prononcé apparaissait une sanction disproportionnée à cette unique faute ; que non seulement la faute grave n'était pas caractérisée mais le licenciement prononcé se trouvait dépourvu de cause réelle et sérieuse. »

Et quelle meilleure illustration de ce débat qu'un fait divers rapporté par l'AFP le 14 janvier 2020 sous le titre : « Licencié après une photo de lui endormi, un agent de propreté poursuit son employeur ». La dépêche relate qu'un agent à la propreté de la ville de Paris porte plainte contre son licenciement, acté après la diffusion d'une photo le montrant allongé endormi sur un rebord de vitrine, dans sa tenue verte et jaune fluo d'agent de propreté, pieds nus, avec le commentaire suivant : « Voilà à quoi servent les impôts locaux des Parisiens à payer les agents de propreté à roupiller, on comprend pourquoi Paris est si dégueulasse. » L'agent est ensuite convoqué par son employeur concessionnaire de la ville de Paris pour la propreté et est licencié pour « faute grave » devant le conseil des prud'hommes. « Cette attitude révélant votre volonté de vous assoupir durant votre service a fait l'objet d'une sévère réclamation de notre client », cite l'AFP, ainsi que la réponse de cette société sur Twitter : « Notre société X ne cautionne pas ce type de comportement de la part de ses collaborateurs. La personne qui apparaît sur la photo fait l'objet d'une procédure disciplinaire. »

Les *napping rooms* : un nouvel attrait des start-up

Les temps changent et le sujet n'est plus tabou, loin de là, pour les start-up et géants des GAFAM pour lesquels la salle de sieste prend le nom branché de *napping room*, quel que soit le pays de sa filiale. À côté du baby-foot et de la cuisine en open space avec fruits et bière à volonté, il s'agit d'une nouvelle façon d'attirer la génération Y dans les grandes entreprises, qu'ils boudent, et les start-up, qu'ils affectionnent.

Tout commence en Californie dans les grandes entreprises de la Silicone Valley de Palo Alto ou de Mountain View autour de l'université Stanford. Chez Google, la santé et le bonheur au travail sont des arguments des ressources humaines pour fidéliser les jeunes ingénieurs de data-science venus du monde entier. Le climat californien très chaud en mi-journée, lorsqu'on sort des bâtiments hautement climatisés, incite à la sieste. Chacun sait quels sont ses objectifs de travail et ces employés hautement diplômés se mettent le plus souvent une grande pression eux-mêmes. L'architecture intérieure avec de grands lieux de vie et des grands fauteuils à oreillettes, très confortables pour reposer la tête, incitent à s'installer de manière « cool », un ordi sur les genoux et les écouteurs sur les oreilles ou iPods branchés en permanence, à se laisser aller à dormir. Et c'est tout à fait accepté et même encouragé, de même que l'activité physique ou les séances de yoga. Certains sites s'équipent même de fauteuils de sieste ultra-technologiques comme les MetroNaps de la société de high-tech EnergyPod. Conçues comme de très confortables chaises longues, elles sont coiffées au niveau de la tête d'une large coque qui se déplie et se replie pour isoler les siesteurs des regards mais aussi les mettre dans une ambiance favorable à une sieste de vingt minutes avec musique à choisir parmi un répertoire relaxant, lumière tamisée et chaude qui s'éteint progressivement et possibilités de programmes de relaxation. On s'endort d'un côté, on se réveille agréablement de l'autre : la capsule vous réveillant de manière progressive et dynamique, adoptant parfois les oscillations de nos berceaux, pour que la sieste ait un vrai effet ressourçant.

Cette culture de la sieste s'étend depuis quelques années à de très nombreuses entreprises y compris en France où Orange, Renault, AXA et plusieurs grandes banques et cabinets d'avocats, et même des groupes hospitaliers comme l'AP-HP ou les hospices de Lyon, proposent des espaces siestes, la plupart du temps réservés aux activités tertiaires, plus qu'aux sites industriels ou commerciaux.

Les équipements individuels y sont cependant souvent moins sophistiqués que ceux précédemment décrits, parfois de simples transats protégés des regards, parfois même des petites tentes où on peut s'allonger, ou des coussins à poser sur sa table de travail. D'autres ont tenté de vraies salles de sieste avec plusieurs lits simples dans un espace commun aux lumières tamisées, mais dont les taux d'occupation sont souvent décevants. D'une part parce qu'il faut s'y inscrire et que le contrôle relève souvent des ressources humaines. Ensuite car les conditions d'hygiène sont souvent difficiles à optimiser. Il y faudrait des professionnels comme dans les long-courriers pour renouveler oreillers et couvertures en fonction de leur propreté. La pandémie de covid ayant de plus interdit ce type d'usage commun pendant de longs mois.

Au-delà de l'aspect communication de la part des entreprises pour montrer à leurs salariés qu'ils se soucient de leur bien-être, il y a parfois une sincère préoccupation des responsables des ressources humaines et des médecins du travail pour la santé de leurs salariés. Le regroupement de sièges sociaux à la périphérie des grandes villes dans des sites plus économiques, mais pas facilement accessibles, s'est accompagné d'une augmentation du temps de trajet des employés. Souvent la contrainte de venir en voiture, ou à défaut de prendre des transports bondés et inconfortables. En favorisant les siestes, on permet ainsi aux salariés de récupérer un peu de leur dette de sommeil qui peut avoir un effet préventif sur les accidents. Beaucoup de managers ont aussi conscience que le rythme de travail imposé dans les open spaces bruyants et sans intimité et difficile à supporter sur de longues journées, et qu'il y a un vrai besoin de coupures et de ressourcement, pour avoir une activité efficace dans la durée.

Mais ils ont aussi du mal à savoir comment limiter et contrôler les potentiels siesteurs excessifs. L'image de Gaston Lagaffe endormi (« ZZZ… »), le héros de bande dessinée de Franquin, a la vie dure : « Ne pas déranger, je bosse… » La tête ou les pieds sur le bureau, traînant même debout son éternel oreiller, il est le symbole de la grande difficulté à réveiller un siesteur démotivé au travail autrement que par une sanction. Un risque que beaucoup de responsables de ressources humaines ne sont pas prêts à prendre.

La sieste : quand, comment, combien de temps et pourquoi ?

« Mais êtes-vous pour ou contre la sieste ? » C'est amusant, car cette question m'est souvent posée dans les conférences ou par les journalistes, un peu comme s'il y avait un débat de société autour de la sieste. La réponse est que je suis pour : la sieste est naturelle, physiologique. Elle peut être vraiment récupératrice mais quand, comment, combien de temps et pourquoi ?

QUAND FAIRE LA SIESTE ?

C'est à la mi-journée que nous avons tous ce besoin de récupérer ; idéalement entre 13 et 15 heures. Il n'y a pas à ce jour d'explication biologique à ce besoin de sieste, pas de variation de notre température, de notre métabolisme, de sécrétions hormonales, contrairement à ce qui se passe la nuit. Le niveau de mélatonine est indétectable, le rythme cérébral est normal. Il y a bien sûr une correspondance avec le pic de température externe qui est souvent le plus haut à midi. Mais il s'agit de la période la plus favorable à la sieste chez l'humain, celle pendant laquelle une majorité d'entre nous auront tendance à s'endormir, même si leur sommeil nocturne est bon par ailleurs.

COMMENT S'INSTALLER POUR LA SIESTE ?

Pas besoin de se mettre au lit et en pyjama pour faire la sieste. Il suffit d'un siège confortable ou même tout simplement d'être assis sans danger. On peut bien sûr s'allonger, mais en laissant la lumière rentrer dans la pièce pour éviter de partir trop longtemps ou profondément. Un petit oreiller comme on en trouve dans les avions, un tapis de gymnastique si on se trouve dans un endroit isolé, un masque de nuit en tissu léger sont aussi des accessoires facilitateurs de la sieste. Ce sont ces outils simples que nous conseillons aux sportifs qui viennent apprendre à siester avec nous avant les compétitions.

COMBIEN DE TEMPS POUR UNE SIESTE ?

On distingue trois types de sieste dont l'utilité est différente.

• *La microsieste de trois à cinq minutes.* Assis en position confortable elle se pratique dans les transports ou au bureau. On ferme les yeux et on respire bien à fond en essayant d'associer sa respiration à des idées plaisantes, une ambiance d'été, une après-midi à la campagne, un visage aimé. Cette sieste était recommandée par Salvador Dalí qui la pratiquait une cuillère dans la bouche, car au moment de l'endormissement la cuillère tombait et le réveillait. On perd ainsi facilement contact et la perte de tonus musculaire associée nous éveille. La microsieste ne comprend qu'un peu de sommeil léger, jamais de sommeil profond. Parfois on ne parvient pas à s'endormir. Mais l'effet relaxant, reposant est réel. On peut la pratiquer plusieurs fois par jour, surtout lorsqu'on est soumis à des rythmes ou des préoccupations intenses.

• *La sieste courte*. C'est la plus efficace. La durée la plus recommandée est de quinze à vingt minutes. Assis en position confortable, en prévoyant un appui pour la tête, ou allongé, pas nécessairement sur un lit, sur un canapé, sur un banc, dans sa voiture en baissant le dossier du siège lorsqu'on fait une longue route, sur la plage, dans un fauteuil relax, dans l'herbe. Il faut prévoir de se faire réveiller ou, le plus simple, de mettre une alarme vingt minutes plus tard – son mobile en mode avion, pour ne pas se faire réveiller par un appel ou un SMS inopportun. À la maison, dans le train, l'avion ou dans une situation de pleine sécurité, on peut mettre un masque en tissu sur les yeux, écouter une musique relaxante. Et puis se laisser aller au sommeil, en essayant au départ de se relaxer, de quitter les pensées quotidiennes parasites pour les remplacer par des images heureuses, chaleureuses même si elles sont un peu décalées par rapport au contexte extérieur, de contrôler sa respiration calmement. La sieste courte comprend souvent du sommeil léger, les stades un et deux du sommeil.

Lorsque nous avons fait il y a quelques années une revue de la littérature sur la sieste avec Brice Faraut, Thomas Andrillon et Marie-Françoise Vecchierini de notre équipe VIFASOM, nous avons identifié plus de cent articles scientifiques qui démontraient son efficacité. La sieste courte est efficace, et c'est bien connu, sur l'attention, le temps de réaction, la mémoire, la fatigue. Mais elle a aussi une efficacité biologique, en particulier chez les personnes privées de sommeil, sur la restauration de l'immunité, la prévention des risques cardio-vasculaires, la diminution des douleurs, la réparation des blessures. Une sieste courte est donc particulièrement recommandée en cas de sommeil insuffisant, moins de six heures par vingt-quatre heures. Mais plutôt que de se laisser dominer par une sieste spontanée dans le train, le métro ou au travail, mieux vaut organiser soi-même une sieste récupératrice. Beaucoup nous disent qu'ils ne parviennent pas à faire la sieste. Je les comprends, ce n'est pas toujours facile de se détendre et de se laisser aller en pleine journée, dans un contexte social et/ou familial parfois tendu. Mais il faut savoir en parler autour de soi et ne pas renoncer, par exemple le week-end et pendant les vacances pour commencer. La sieste se pratique un peu comme un mouvement de sport ou de gymnastique, plus on la répète, plus c'est fluide et satisfaisant et plus ça vient facilement.

Nous avons régulièrement enregistré le sommeil des siestes de volontaires lors de nos recherches. Si la plupart s'endorment en sommeil léger en quelques minutes, d'autres ne parviennent pas à s'endormir, c'est-à-dire à faire au moins une minute de sommeil continu. Mais il leur arrive de dormir quelques secondes puis ils se réveillent. Parfois on a l'impression qu'une partie de leur cerveau dort tandis que l'autre est réveillée. Cette analyse microstructurale de la sieste n'a pas révélé tous ses mystères mais il semble que le cerveau se débrouille grâce à sa plasticité pour se reposer lorsque les circonstances le permettent dans la journée, même si nous n'en avons pas toujours conscience. D'autres siesteurs vont s'endormir en sommeil profond avec du stade trois de sommeil. Ce sont souvent des personnes en dette sévère de sommeil. Lorsqu'on sieste en sommeil profond, le réveil est très difficile. On est dans « le cirage », dans « le pâté ». Il faut parfois dix à vingt minutes pour reprendre une attention normale et le bénéfice de la sieste est perdu. C'est pourquoi on recommande de ne pas prolonger la courte sieste plus de vingt minutes, car après ce délai la probabilité d'avoir du sommeil profond est plus élevée.

• *Le somme* ou *cycle de sommeil*. C'est une sieste de longue durée qui permet de compléter un sommeil trop court. On la recommande aux travailleurs de nuit ou en horaires décalés qui ne parviennent pas à récupérer suffisamment lors de leur premier épisode de sommeil, ou aux malades en convalescence d'un accident ou d'une maladie grave. Le mieux est de s'allonger dans une tenue détendue, sur son lit mais sans confondre le jour et la nuit. Il ne faut pas faire le noir complet, laisser le bruit, la lumière, pour maintenir le contact avec la vie extérieure. Un somme a la durée d'un cycle de sommeil de soixante à quatre-vingt-dix minutes et comprend du sommeil profond et du sommeil paradoxal. À la fin de ce cycle, on reprend contact avec l'extérieur et c'est alors qu'il faut avoir l'énergie de se lever, de se stimuler pour éviter de repartir dans un nouveau cycle qui risquerait de perturber le sommeil de la nuit suivante.

Là aussi, la pratique régulière des sommes permet de se connaître, de déterminer la durée idéale, propre à chacun, et de faciliter son réveil par une alarme progressive.

J'ai souvent eu l'occasion de conseiller et de visiter des sites industriels avec des personnes travaillant la nuit qui me témoignaient qu'elles étaient incapables de dormir plus de cinq heures de suite tant le décalage horaire, le bruit, le stress les maintenait tendus en rentrant à la maison. Ce conseil de pratiquer des « sommes » de manière informelle dans la journée pour compléter leur temps de sommeil peut changer leur vie. Beaucoup m'ont dit qu'ils se sentaient déculpabilisés de dormir en pleine journée, y compris vis-à-vis de la famille et de leurs jeunes enfants, qu'ils ressentaient à quel point ce rattrapage par étapes leur avaient fait remonter la pente de la fatigue et de la privation de sommeil.

Narcolepsie et sieste au travail

Mais la sieste au travail qui semble banalisée dans le discours grand public reste un sujet tabou dans bien des univers professionnels. Je m'en rends régulièrement compte lorsque j'aborde le sujet avec les patients souffrant de narcolepsie. La narcolepsie est une maladie rare dont le principal signe est une hypersomnie très invalidante car elle vous oblige à dormir douze à seize heures par vingt-quatre heures avec des épisodes irrépressibles de sommeil. Elle survient en quelques mois, souvent chez des jeunes adultes qui avaient un sommeil normal auparavant et qui se retrouvent comme des vraies marmottes pendant leurs études ou en début de parcours professionnel. Le plus souvent cette attitude est incomprise par l'entourage et par les professeurs qui l'attribuent au mieux à un manque de sérieux du patient, qui est soupçonné de faire la fête ou de passer ses nuits sur Internet. Au pire on croit à un désintérêt pour le travail. Ce malentendu débouche le plus fréquemment sur une orientation vers une prise en charge psychiatrique pour dépression ou burn-out, conduisant parfois à la prescription d'antidépresseurs et infligeant l'impression d'une crise sans fin. Ces patients racontent la panique d'aborder le monde professionnel avec ce handicap invisible. Faut-il en parler ou non à son supérieur hiérarchique, à ses collègues, au médecin du travail ? Un de mes anciens patients a longtemps travaillé dans une entreprise frigorifique, en chambre froide, et il pouvait lui arriver de s'endormir, à la grande joie de ses collègues qui ne l'ont jamais laissé « refroidir » trop longtemps. Un autre m'a longtemps laissé inquiet car il était le baby-sitter de trois jeunes enfants qui le réveillaient quand ils avaient faim. Ou encore cette enseignante qui ne pouvait pas surveiller les devoirs sur table de ses lycéens car elle s'endormait systématiquement à son bureau. Ou encore ce producteur de films qui avait la réputation de ne jamais s'asseoir à une table même pour dîner, alors qu'il est extrêmement convivial, car il se sentait s'endormir à chaque fois, sans prévenir ; il devait se concentrer très fort pour ne pas louper certains passages de « ses films » à la projection finale.

La narcolepsie se traite par des médicaments « éveillants » qui permettent d'avoir une vie personnelle et professionnelle plus équilibrée, mais le besoin de sommeil reste fort et nous tentons, avec les patients, de convaincre les interlocuteurs du monde du travail de les autoriser à faire la sieste.

Même si l'idée ne choque plus, elle reste très difficile à négocier : manque d'espace, manque de simplicité, question d'image. Une patiente travaillant dans une tour de la Défense s'est vu prétexter le manque d'espace et l'exiguïté de l'infirmerie pour qu'elle ne puisse pas l'occuper tous les jours pour une sieste. Elle met donc sa tête dans ses bras sur son bureau à l'heure du déjeuner. Un patient directeur d'une PME va faire la sieste dans sa Tesla dans le parking de son entreprise tous les jours. « Cela colle bien avec l'image high-tech de ma voiture », dit-il et cela fait sourire ses employés.

Concilier charge de travail et besoin de sommeil

Organiser ses temps de sommeil et de travail n'est pas seulement difficile pour les hypersomniaques. Dans beaucoup de métiers associés à une charge de travail intense, cela nécessite une grande discipline qui décourage souvent toute activité extérieure.

Le temps de travail quotidien est habituellement de huit heures maximum, mais il peut parfois monter jusqu'à douze heures dans certains métiers de services ou chez les artisans commerçants. Exceptionnellement il s'agit de gardes de vingt-quatre heures chez les pompiers, les militaires, mais comprenant une période de sommeil organisée.

Le besoin quotidien de sommeil chez l'adulte est de sept à huit heures, ce qui devrait être normalement compatible avec les huit heures travaillées. Mais l'organisation du travail fait que la période respectée légalement de huit heures est souvent associée à des obligations rendant la période réelle de présence au travail beaucoup plus importante.

Prenons l'exemple des chauffeurs poids lourd (plus de 3,5 tonnes) qui traversent chaque jour la France et l'Europe. Leur temps de travail est en théorie limité à neuf heures et contrôlable par les documents réglementaires obligatoirement complétés par l'employeur. Ils doivent légalement faire une pause de quarante-cinq minutes après un temps de conduite de quatre heures trente minutes. Mais la réglementation prévoit aussi pour eux la notion de temps de service. Car aller chercher le camion loin de leur domicile et attendre que le camion soit déchargé pour le ramener en parking autorisé leur prend beaucoup plus de huit heures. Mais cela ne doit pas dépasser douze heures selon la loi, avec une durée maximale de cinquante-six heures par semaine isolée pour les grands roulants. On comprend, dans ces conditions, qu'il est difficile de trouver une période idéale pour dormir, surtout lorsqu'on est loin de chez soi. Même si la réglementation prévoit aussi une coupure d'au moins onze heures entre deux temps de repos hebdomadaires.

Aussi proches de nous, les serveurs des nombreuses brasseries et restaurants qui nous entourent. Leur contrat de travail comprend le plus souvent une coupure d'après-midi leur demandant d'être présents, ce qui est logique dans les heures de plus grande affluence. Leur journée de huit heures peut ainsi se découper entre quatre heures de 11 heures à 15 heures, puis encore quatre heures de 19 heures à 23 heures. Si vous souhaitez vous reposer dans la journée, il vous faudra faire quatre allers-retours entre maison et travail. Sinon la pause sur le lieu de travail peut s'avérer très inconfortable et soumise à de possibles sollicitations pour « rendre service » sans que cela soit décompté dans les heures de travail. Ces horaires, qui pourraient sembler « cools » et acceptables deviennent difficiles à vivre dès lors que les serveurs aspirent à une vie familiale ou sociale, d'où une difficulté accrue à les recruter.

Dans ce cadre horaire finalement assez strict, beaucoup se trouvent trop contraints par le rythme « métro-boulot-dodo ». Face à ces rythmes usants, beaucoup ne résistent pas à grignoter du temps la nuit pour avoir l'impression de vivre un peu ou de rester connectés au monde.

Le télétravail : enfin, respecter son rythme ?

C'est uniquement à partir de la pandémie de covid que le mot « télétravail » a commencé à se matérialiser pour plusieurs centaines de milliers de travailleurs en France. Il y avait bien auparavant quelques cadres travaillant à distance certains jours de la semaine, mais pas de transformation massive de la relation au travail, autorisée et même fortement imposée par le ministère du Travail à certains milieux professionnels. Cette mutation s'est aussi accompagnée d'un grand changement immobilier : des tours de bureaux vidées en une année, une révolution managériale de gestions des équipes par Zoom, Teams ou tout autre logiciel de réunion à distance. Mais le télétravail a aussi offert un moyen inespéré pour chacun de respecter ses propres rythmes et de changer son rapport au temps de travail. Après deux ou trois ans de télétravail que peut-on en penser ?

La possibilité de suivre son propre rythme. Le télétravail, c'est d'abord la perspective bienvenue de mieux adapter ses rythmes et son temps de sommeil. En effet, la vie professionnelle nous cale sur un rythme commun qui varie entre les villes et les territoires plus ruraux mais avec une période de nuit assez homogène entre 22 h 30 et minuit comme horaire de coucher et 6 h 30 et 8 heures comme horaire de lever. Les rythmes scolaires contribuent également à caler la vie de nombreux adultes en famille. Le temps de sommeil moyen des Français en semaine est de six heures et quarante-trois minutes selon la dernière enquête 2024 de l'Institut national du sommeil et de la vigilance. Dans ce contexte contraint, le temps de trajet est un déterminant fort puisqu'il faut compter en moyenne deux fois quarante-cinq minutes de transport par jour. Et il faut subir aussi la densité de la fréquentation, sur la route ou dans les transports en commun. Qu'il est difficile de prendre le métro, le tram, le train ou le RER entre 7 h 30 et 9 heures dans les territoires les plus urbanisés !

Beaucoup souffrent de ces horaires. D'abord les longs dormeurs, ceux qui ont besoin de dormir plus de neuf heures par nuit, représentent 3 à 4 % des adultes. Il leur faut se coucher très tôt pour avoir leur compte, ce qui n'est pas facilement compatible avec la vie sociale ou familiale. Ensuite, ceux dont l'horloge biologique n'est pas calée sur ces horaires. On appelle « chronotypes du soir » ceux dont l'horloge biologique les porte à se coucher et à se lever très tard. Cela touche beaucoup d'adolescents et de jeunes adultes, mais pas uniquement. Il leur est très difficile de se coucher, car ils ont toujours une idée après l'autre bien après minuit et, le matin, ne rêvent que de « grasse matinée ». Mais les horaires professionnels en tiennent rarement compte. Ils sont donc contraints de se lever le matin « au radar » et de prendre trois cafés pour être à peu près clair dans les premières heures de la matinée.

Il est évident que pour ces longs dormeurs du soir, le télétravail a permis de mieux rentrer dans ces rythmes. La possibilité de se décaler ou de dormir plus, sans perturber le fonctionnement du travail collectif, leur assure une qualité de vie bien meilleure, sans dette de sommeil, avec une vigilance qui permet une meilleure attention à leurs projets, moins de stress, des relations professionnelles plus paisibles. « En programmant les rendez-vous, je peux les caler en fin de matinée et même au moment de la pause déjeuner, cela ne gêne personne. Et c'est très rare d'être contraint à une réunion tôt le matin », me raconte un de mes patients, autrefois fortement handicapé par son rythme de vie dans son travail en open space dans une compagnie d'assurances.

À condition de s'y tenir et de s'imposer des horaires rigoureux de sommeil. Une autre conséquence de la pandémie de covid, le confinement, nous a appris que des horaires non cadrés pouvaient se retourner contre votre sommeil. À l'occasion du deuxième confinement au sein du groupe de chercheurs Coconel (confinement coronavirus enquête longitudinale) coordonné par l'unité VITROME et l'ORS PACA de Marseille, dont j'étais l'expert sommeil, nous avons interrogé, deux fois par semaine, un échantillon d'un millier de personnes, représentatif de la population adulte française sur leur ressenti vis-à-vis de différents événements de la crise du covid et du confinement.

À l'issue de la deuxième semaine de confinement, qui avait été d'abord considérée comme un soulagement par ceux qui disaient pouvoir dormir mieux et plus longtemps, les trois quarts des Français se plaignaient finalement de troubles du sommeil au milieu du confinement. Et les jeunes (18-35 ans) de manière spectaculaire, puisque presque 80 % se plaignaient de mauvais sommeil, dont 60 % depuis le confinement. La prise de somnifères est repartie à la hausse au cours du confinement alors qu'elle n'avait cessé de baisser depuis dix ans en France.

Le confinement a en effet très sévèrement perturbé les rythmes des jeunes adultes non seulement en France, mais dans le monde entier. Avec des collègues chercheurs de quatorze autres pays, nous avons mené l'enquête ICOSS et plus de 35 000 personnes y ont répondu longuement. Lors du confinement : l'impossibilité de sortir à la lumière extérieure, de faire du sport et de l'activité physique, d'avoir une vie sociale, de travailler les ont conduits à rester trop longtemps au lit sans rien faire. Le ton très anxiogène des médias et la surexposition ont fait le reste. Tard dans la nuit, des millions de jeunes adultes restaient scotchés sur les réseaux sociaux, puis leur sommeil agité les laissait désemparés tard dans la matinée pour une nouvelle journée.

Mais indéniablement le télétravail a aussi des vertus positives. Il donne par exemple la possibilité, devenue rare en entreprise, de pouvoir se concentrer pendant plusieurs heures sur la même tâche, à son rythme, sans être sans cesse interrompu, de ne pas être dérangé dans son travail. La qualité de vie et la productivité s'en ressentent. Comment en effet s'atteler à un travail de synthèse ou de prospective tranquillement dans les open spaces des grandes sociétés, et mêmes dans les bureaux décontractés des start-up. Les appels téléphoniques de vos voisins, les réunions impromptues, les passages à la machine à café et les « petites histoires » des collègues empêchent souvent de se concentrer. Le télétravail est aussi un travail de confiance. Chacun est responsable de sa tâche et de l'organisation de sa journée. Le présentéisme n'est pas de mise. Ce qui compte, c'est le résultat. Ceux dont le management repose sur de solides critères d'évaluation voient sans doute un avantage indéniable dans cette possibilité de télétravail. Mais c'est aussi la fin d'une vie sociale au travail et de la mosaïque des rencontres professionnelles. J'ai été très impressionné cette semaine en passant devant les dizaines de bureaux vides d'une administration publique, autrefois bourdonnante de vie, un vendredi de télétravail ordinaire. Beaucoup de couples télétravaillent ensemble à la maison un peu en autarcie, perdant l'occasion de rencontres. Un équilibre est à trouver.

Si l'on peut comprendre un certain niveau d'exigence sur l'éveil des salariés au cours de la journée, cela semble beaucoup plus compliqué la nuit. C'est pourtant un principe de base que de vouloir maintenir un éveil vingt-quatre heures sur vingt-quatre dans de nombreux secteurs.

Le travail de nuit, un mode de travail en croissance

Dans une période où la qualité de vie au travail, le télétravail et la recherche de sens professionnel sont souvent mis en avant, on a du mal à croire que le travail de nuit à l'ancienne existe toujours. Il est d'ailleurs souvent méconnu des familles qui ne comptent pas de travailleurs de nuit. Et pourtant, comme le confirment les enquêtes régulières de Santé publique France (2022), en Europe et aux États-Unis, le travail de nuit a augmenté ces dernières décennies et concerne aujourd'hui 19 à 25 % de l'ensemble des travailleurs, contre 15 à 20 % il y a vingt ans.

En France, l'accès des femmes au travail de nuit était, jusqu'en 2001, limité à certains secteurs. Depuis cette date, il n'est plus soumis à de telles restrictions conformément au droit européen fondé sur le principe de l'égalité professionnelle hommes-femmes. Les hommes sont cependant encore plus nombreux à travailler la nuit que les femmes, dont la proportion a augmenté de 7 à 10 % depuis 2001.

Plusieurs métiers de différents secteurs ou services comportent des missions devant être assurées vingt-quatre heures sur vingt-quatre sept jours sur sept (24/24-7/7). Les principaux secteurs ayant de telles contraintes sont ceux de la santé et de la sécurité, mais également certaines activités industrielles nécessitant une production en continu. De plus, il y a trente ans, le travail de nuit habituel représentait 24 % du travail de nuit global, alors qu'en 2015 sa part avait presque doublé, atteignant 42 %.

Qu'est-ce qui justifie le travail de nuit ?

C'est dans ce contexte difficile qu'il faut comprendre la difficulté à tenir la consigne : « interdiction de dormir au travail » qui est cruciale et bien compréhensible, pour éviter les accidents, dans les organisations qui ont choisi d'adopter le travail de nuit, le plus souvent par nécessité de maintenir une activité 24/24-7/7.

Car ce sont des contraintes technologiques qui ont en effet expliqué l'émergence du travail de nuit industriel. Maintenir le feu de la forge et des hauts fourneaux allumés en permanence, pour éviter d'avoir à les remettre en route, en est une des premières illustrations industrielles. Ces hauts-fourneaux existent encore, y compris en France, et j'ai pu mesurer, en les visitant de nuit, le côté fascinant et en même temps épuisant de ce travail à haute température. Ces hommes recouverts de protections ignifuges difficiles à supporter sont concentrés sur la lumière vive de leurs brasiers pour retirer à temps les plaques de verre hautement sophistiquées qui recouvriront les tours de la Défense, les musées, les grands magasins ou les aéroports.

Puis est venue l'industrialisation, la rentabilisation de l'appareil industriel pour une production sans relâche et les fameux 3 × 8 découpant les journées en tiers : matin, après-midi, nuit, pour pouvoir produire de manière continue dans un contexte de concurrence internationale, vingt-quatre heures sur vingt-quatre, souvent onze mois sur douze, les textiles, aciers, automobiles, biens d'équipement et construction aéronavale, ordinateurs, matériaux de construction, plus rarement chantiers de construction, installations de transport et transport de toutes ces productions. Dès l'instauration du 3 × 8, la question de trouver des ressources humaines pour travailler de nuit n'a pas été simple pour les employeurs. De manière compréhensible, peu de personnes se sentent assez fortes et disponibles pour se priver complètement de sommeil les premières nuits et assurer un travail pénible et souvent dangereux la nuit. On arrive au travail de nuit le plus souvent forcé par la réalité économique de trouver un métier à proximité.

Comment les entreprises font-elles pour inciter les ouvriers et employés à les rejoindre ? Bien sûr, il y a l'argument économique, le manque d'emploi dans bien des régions sorties de l'époque agricole, puis des primes au travail de nuit et la négociation de retraites plus précoces, en cas de stabilité dans l'entreprise. On parle d'un supplément de salaire de 25 % pour les horaires de nuit. Puis l'organisation du travail posté, c'est-à-dire par postes horaires alternants et tournants a été proposée : souvent une semaine matin, une semaine après-midi, une semaine de nuit. L'impact physiologique et sociétal de ce type d'emploi du temps est encore plus néfaste que le travail de nuit fixe. À côté de ces rythmes simples, les ingénieurs et responsables des ressources humaines de certaines entreprises ont développé de très nombreux autres rythmes complexes pour tenter de mettre en adéquation les ressources humaines et le process industriel ou les services. Certaines entreprises en sont venues à changer les horaires de leurs salariés tous les jours, créant une confusion qui les empêche d'organiser leur calendrier personnel au-delà du mois suivant. D'autres ont fait appel à l'immigration pendant les dernières décennies du XXe siècle et continuent de réclamer fortement son renfort.

On a coutume de dire que s'adapter au travail de nuit c'est un peu comme se tester pour le mal de mer sur un navire. Il y a certaines personnes qui en sont complètement incapables et s'arrêtent en quelques jours. Ce qui ne veut pas dire que ceux qui restent n'en souffrent pas, mais ils parviennent à trouver un certain équilibre. Les plus jeunes trouvent parfois certains avantages à vivre en décalé, continuant à se coucher tard, s'ils n'ont pas de contrainte familiale ou sociale les jours de repos. Pour d'autres, cela leur permet de s'occuper plus facilement de proches : enfants, personnes vulnérables ou âgées de leur entourage. Ainsi, beaucoup d'infirmières de nuit récupèrent, après leur nuit de travail, la garde de leurs jeunes enfants à leur conjoint le matin, tentant de concilier récupération de sommeil et attention à leurs bébés. De nombreux jeunes travailleurs de nuit se consacrent aussi en rentrant à la construction ou à l'aménagement de leur premier logement. D'autres font du sport individuel : musculation, course à pied de manière intensive. Certains décrivent aussi des conditions de travail plus solidaires, moins hiérarchiques la nuit, qui les attachent à leur équipe et à leur travail.

Le travail de nuit : un coût de santé élevé

Mais le travail de nuit n'est pas sans risque : la désynchronisation quotidienne de l'horloge biologique, la dette quotidienne de sommeil sont responsables sur le long terme de conséquences sanitaires avérées. En novembre 2008, à la demande du ministère de la Santé, du ministère du Travail et de la Haute Autorité de santé (HAS), nous avons organisé un premier colloque au ministère de la Santé pour faire le point sur les conséquences médicales et la prévention des effets du travail posté et de nuit (TPN). En 2016, j'ai été l'un des experts choisis par l'ANSES (Agence nationale de sécurité sanitaire, de l'alimentation, de l'environnement et du travail) pour élaborer un rapport de 400 pages intitulé : *L'Évaluation des risques sanitaires liés au travail de nuit.* Ce rapport conclut à quatre familles de risques sanitaires associés significativement au travail de nuit ou posté qui sont aujourd'hui clairement reconnus et doivent faire l'objet d'une politique de prévention dans les entreprises concernées.

La pénibilité physiologique et sociale du travail de nuit

Ces travailleurs de nuit, se plaignent souvent d'une pénibilité au travail qui est à la fois physiologique et sociale et il faut vraiment avoir travaillé de nuit pour comprendre que ce décalage répété peut perturber la vie quotidienne et la perception du monde. Qu'appelle-t-on travail de nuit ? Par définition, on appelle travail de nuit, tout travail d'au moins huit heures consécutives entre 21 heures et 7 heures du matin. Avec une fréquence d'au moins deux fois par semaine, au moins deux cent soixante-dix heures par an.

Sur le plan physiologique, tout s'explique par notre horloge biologique. Comme tous les êtres vivants, nous sommes organisés par un petit groupe de cellules situé au niveau du noyau suprachiasmatique de l'hypothalamus. Cette horloge sensible à la lumière déclenche au moment de la tombée du jour la sécrétion par la glande pinéale de la mélatonine ou hormone du temps. Le taux maximal de mélatonine dans le sang correspond au cœur de la nuit et au maximum de besoin de sommeil, entre 2 et 5 heures du matin. Puis, la mélatonine baisse progressivement, tandis que la lumière du jour remonte pour devenir indétectable au matin. Pendant la nuit, le taux élevé de mélatonine se transmet à d'autres horloges biologiques, dites « périphériques », situées sur la plupart des organes et des systèmes (le cœur, les poumons, les reins, le système digestif) et leur donne le rythme de nuit ; les rythmes cardiaque et respiratoire et la tension artérielle baissent, la température interne perd 1 °C. Les cellules gliales du cerveau exfiltrent leurs déchets. Tandis que d'autres hormones essentielles : l'hormone de croissance, la ghréline, la leptine, le cortisol organisent la réparation des tissus endommagés par la journée et contribuent, par le foie et le système digestif, à préparer les réserves énergétiques qui nous permettront de fonctionner à température constante le reste de la journée.

On comprend donc à quel point les travailleurs de nuit sont fragilisés par leur rythme car, si on peut bien sûr dormir le jour pour rattraper le sommeil perdu, il est beaucoup plus difficile d'adapter son horloge biologique au nouvel horaire imposé. Physiologiquement, l'horloge ne peut s'adapter que d'un décalage d'une heure par jour et les travailleurs de nuit se décalent habituellement de huit heures par rapport au rythme de jour. Il n'est déjà pas facile de se décaler d'une heure comme en témoignent les nombreux mécontents qui protestent chaque année contre le passage à l'horaire d'hiver se plaignant de problèmes de sommeil et de difficultés d'adaptation diverses.

Il faut comprendre que la personne qui travaille la nuit va devoir lutter non seulement contre son envie de dormir, mais contre le ralentissement de son rythme cardio-respiratoire qui limite sa capacité d'effort physique et contre sa baisse de température qui le rend engourdi et sensible à l'environnement thermique naturellement plus froid de la nuit.

Sur le plan social et personnel, les horaires décalés et le travail de nuit sont aussi difficiles à tolérer. Il faut dormir quand tout le monde est réveillé, ce qui n'est pas évident dès lors qu'on vit en couple, en famille ou dans un logement contraint, ce qui est souvent le cas. Comment résister aux babillements de son enfant quand on est une infirmière de nuit qui rentre souvent culpabilisée de ne pas avoir passé la nuit à son côté. Comment faire comprendre à son voisin qui fait des travaux et utilise sa perceuse le matin qu'il vaudrait mieux le faire l'après-midi. Même si beaucoup de travailleurs de nuit profitent cependant d'être disponibles dans l'après-midi ou en fin de journée pour faire du sport ou régler plus tranquillement que d'autres leur vie pratique, d'autres ne parviennent pas à trouver leur rythme, dormant peu dans la journée et restant désœuvrés à attendre le travail du soir dans le brouillard de la somnolence.

Statistiquement les travailleurs de nuit sont plus seuls et ont du mal à avoir une vie de couple stable, les divorces sont plus fréquents. La fatigue, les difficultés d'agenda, l'incompatibilité des horaires de détente expliquent cela. Dans sa vie quotidienne, le travailleur de nuit se sent vraiment décalé par rapport à la société et a l'impression de vivre dans un monde à part, sentiment encore augmenté par cette envie de dormir non synchronisée avec celle des autres. Le matin quand Marius, dans le film de Robert Guediguian *Marius et Jeannette*, rejoint son appartement de Marseille et va se coucher, il voit avec amertume la cité phocéenne se lever pour une belle et longue journée.

Les troubles du sommeil et de l'éveil

Les troubles du sommeil sont beaucoup plus fréquents chez ceux qui travaillent de nuit ou qui ont des horaires décalés. Plus d'un tiers des travailleurs postés et de nuit se plaignent d'insomnie. Ces troubles sont liés d'une part à une désynchronisation de leur horloge biologique, d'autre part aux perturbations de l'environnement de sommeil lorsque les travailleurs de nuit vont dormir (plus de bruit, une température trop élevée, une lumière trop forte). Certains se plaignent d'avoir du mal à s'endormir (en particulier ceux qui commencent tôt le matin et doivent se coucher très tôt), d'autres, de se réveiller au cours de la nuit. Tous ont une durée de sommeil plus courte que les travailleurs réguliers : en moyenne une heure de sommeil en moins par vingt-quatre heures. Cela représente une nuit de perdue par semaine et trente à quarante nuits de sommeil envolées par an !

Les troubles de la vigilance et de l'éveil résultent non seulement d'un sommeil insuffisant (avec une dette chronique de sommeil), mais d'une difficulté à se maintenir éveillé au cours de la nuit (pour ceux qui travaillent de nuit). Certains commencent leur première nuit de travail après dix-huit à vingt-quatre heures d'éveil. Leur vigilance est bien moindre au travail les premières nuits ou dans les transports. Le risque d'accident par somnolence au volant est trois à quatre fois plus élevé chez les travailleurs de nuit. Les conséquences peuvent être dramatiques, tant sur le plan individuel que sur le plan collectif. C'est particulièrement au retour du travail que le travailleur de nuit peut s'endormir au volant, et parfois dans les dernières minutes de son trajet. Un travailleur de nuit me racontait s'être endormi au volant de son poids lourd, à un feu rouge, en côte, à quelque 100 mètres de chez lui. C'est un voisin, se rendant à son travail à 5 heures du matin, qui l'a réveillé en cognant à sa vitre.

Les risques métaboliques et de surpoids

Les troubles digestifs et hormonaux sont aussi fréquents chez les travailleurs de nuit et postés. Ils sont liés en partie à une alimentation moins facile : pas d'horaires réguliers ni de repas chauds la nuit. Mais aussi au décalage de l'horloge biologique, cause de dérèglements hormonaux, en particulier de l'hormone de croissance mais aussi de la leptine et de la ghréline (hormones de la satiété et de la faim) dont la sécrétion n'est plus en harmonie avec les horaires. Les travailleurs de nuit et postés sont donc souvent en surpoids par rapport aux travailleurs de jour. Les personnels de nuit soulignent qu'il est très difficile de bien manger la nuit. Pas de vraie pause, une envie de grignoter liée à la fatigue, et en particulier de grignoter des aliments riches en sucre ou en graisses. Il a été montré que des personnes jeunes et en bonne santé dont le sommeil est raccourci pendant quelques jours ont tendance à prendre du poids et à ne pas se limiter dans leur alimentation.

Deux études épidémiologiques de référence ont aussi mis en évidence un lien significatif entre la durée de travail posté de nuit et le risque d'apparition du diabète de type 2, l'une des pathologies chroniques les plus invalidantes et croissantes de ces dernières décennies. Le travail de nuit augmente aussi le risque de survenue d'un syndrome métabolique (associant obésité, hypertension artérielle, hyperlipidémie et diabète de type 2).

Le risque de cancer

Le risque accru de cancer lié au travail de nuit est reconnu depuis 2008 par l'Institut international du cancer. Il y a notamment un risque de cancer du sein plus élevé chez les travailleuses de nuit. C'est une équipe de l'université Harvard, aux États-Unis, qui, la première, a identifié une augmentation des cancers du sein dans un groupe de plus de 60 000 infirmières travaillant partiellement ou complètement de nuit.

Un plus grand nombre de cancers du sein avait aussi été remarqué chez les hôtesses de l'air, mais on ne savait pas si c'était en relation avec les horaires décalés ou avec d'autres contraintes liées au transport aérien (dépressurisation des cabines, rayonnement cosmique). L'augmentation de la fréquence du cancer du sein chez les travailleuses de nuit est probablement liée à une anomalie de la sécrétion de la mélatonine. Il est donc nécessaire d'avertir les femmes qui travaillent de nuit sur ce risque et de les inciter à passer précocement des examens de dépistage. Dans ce contexte, une grande prudence doit être de mise en médecine du travail dans la surveillance de ces salariées de nuit et postées.

Les risques chez la femme enceinte

Plusieurs grandes études internationales ont aussi montré que les femmes qui travaillent la nuit et qui sont enceintes doivent être particulièrement prises en charge, ou remises, si possible, en travail de jour. En effet, fausses couches, accouchements prématurés ou petits poids du bébé à la naissance sont plus fréquemment observés chez elles que chez les salariées travaillant de jour. Il est donc prudent d'éviter le travail de nuit ou à horaires décalés dès qu'on a connaissance de sa grossesse et d'avertir le médecin du travail pour permettre un reclassement professionnel.

Le risque d'accident

La plupart des activités industrielles et de transport qui travaillent de nuit sont des secteurs ou le risque d'accident peut entraîner des répercussions graves. Tous, employés et employeurs, sont sensibles au risque d'endormissement au travail la nuit : risque d'accident de travail possiblement mortel et risques d'erreurs aux conséquences lourdes pour l'entreprise, mais aussi parfois plus largement sur le plan environnemental. C'est ainsi que plusieurs catastrophes industrielles et de nombreux accidents de transport ont été attribués à la privation de sommeil liée au travail de nuit, en voici quelques exemples.

• L'explosion de la navette *Challenger* de la NASA le 28 janvier 1986 à 11 h 39 à Cap Kennedy, en Floride, moins d'une minute après son décollage, a coûté la vie aux sept astronautes et suscité une remise en question du programme spatial de la NASA.
Lors de l'enquête gouvernementale (commission Rogers), il a été montré que certains hauts responsables du programme n'avaient dormi que deux heures la nuit précédente et étaient de service depuis 1 heure du matin le jour du lancement. Tétanisés par la chute de la navette, ils n'ont pas été capables de redresser sa trajectoire selon les procédures d'urgence prévues. Selon les conclusions de la commission Rogers : ce sont les facteurs humains qui sont impliqués comme hautement responsables de

la tragédie : « La volonté des employés de la NASA en général de travailler des heures excessives, bien qu'admirable, soulève de sérieuses questions lorsqu'elle met en péril les performances au travail, en particulier lorsque des décisions de gestion critiques sont en jeu. » Sollicité par la commission, le professeur William Dement, de Stanford, l'un des pionniers américains de la médecine du sommeil, a expliqué devant le congrès américain que la privation de sommeil pouvait avoir des conséquences graves à titre personnel et collectif.

• L'accident nucléaire de Tchernobyl, en Ukraine, le 26 avril 1986 qui s'est passé à 1 h 23 du matin, entraînant une radiation nucléaire qui a touché l'ensemble de l'Europe et de l'URSS, et dont la zone contaminée sur des kilomètres a été évacuée jusqu'aujourd'hui.
Contrairement à l'accident précédent, il n'y a pas eu de rapport public permettant d'attribuer cette catastrophe à une erreur humaine. La qualité du réacteur nucléaire ayant été principalement mise en cause. Mais il a été plusieurs fois souligné que les ingénieurs et techniciens, soumis à de longs postes de travail de treize heures, n'ont pas pu à 1 heure du matin réagir avec suffisamment de rapidité pour limiter la fuite initiale.

• Le naufrage de l'*Exxon Valdez* le 24 mars 1989 à 12 h 04 en Alaska a entraîné l'une des pollutions maritimes les plus graves de ces dernières décennies. Le pétrolier ayant heurté un iceberg à Anchorage, plusieurs millions de litres de pétrole se sont déversés dans la baie du Prince William en Alaska.
Là encore, les horaires de travail ont été mis en cause pour expliquer l'erreur humaine, puisque le capitaine (en troisième) du navire, affecté en quart de nuit, qui s'était dévié dans les heures d'avant de la ligne prévue, n'a pas réussi à redresser sa

route une fois l'obstacle à vue. Le rapport d'enquête a constaté qu'il était de bord depuis seize heures sans avoir pu dormir plus de deux heures. Une situation habituelle dans ce type de travail, selon le témoignage du commandant de l'*Exxon Valdez*.

• En 2024 aussi, dans la nuit du 26 au 27 mars, à 1 h 30 du matin, le cargo *Dalí*, un porte-conteneurs singapourien d'environ 300 mètres de long a percuté le pont Francis-Scott-Key de Baltimore provoquant l'effondrement de ce spectaculaire édifice en acier de 2,6 kilomètres à quatre voies, axe d'approvisionnement stratégique pour le port de Baltimore. Il s'agit de la principale voie d'importation et d'exportation d'automobiles entre l'Europe et les États-Unis. Les 22 membres de l'équipage du cargo ont survécu, mais deux passagers d'un truck passant sur le pont et projeté dans la mer et quatre ouvriers travaillant sur le pont ont perdu la vie.
L'enquête a aussitôt tenté de trouver des responsabilités, tant les conséquences économiques sont grandes et les enjeux compliqués. Le pont, certes non spécifiquement protégé contre ce type de percussion, était relativement récent et bien entretenu. Le cargo avait une allure normale d'environ 9 nœuds, aurait été inspecté récemment par les autorités chiliennes, et était en bon état. Les deux pilotes affectés au cargo par le port de Baltimore, un expérimenté et un apprenti, étaient bien qualifiés pour piloter ce cargo et n'ont pas déclaré de blessures ou de maladies à l'embarquement.

La question qui est soulevée par ces accidents spectaculaires est de comprendre que, partout dans le monde, des opérations industrielles et le transport de marchandises dangereuses et de milliers de passagers dépendent de l'état de vigilance des opérateurs, chauffeurs, pilotes. S'il n'est pas question de remplacer l'homme dans ces fonctions, il est en revanche décisif de ne pas le soumettre à des rythmes intenables, sans lui donner en même temps les moyens d'évaluer et de combattre sa somnolence à des moments déterminants. Heureusement, depuis des années de nombreux acteurs publics et privés, industriels et commerciaux dans le monde ont pris la mesure de ce danger et contribuent à la sensibilisation et la prévention des accidents liés à la somnolence.

Une nuit aux urgences

L'hôpital se démarque comme l'un des secteurs les plus concernés par le travail de nuit, puisqu'un soignant sur trois y est soumis. La permanence des soins est vraiment nécessaire en 24/24 et bien des urgences, cardiaques en particulier, surviennent de nuit.

Cela n'a longtemps pas été un sujet. Le personnel de nuit était valorisé et le seul à travailler trente-cinq heures par semaine, avant leur application systématique par la loi Aubry à l'hôpital public en 2002. Il était encadré par des surveillants de nuit tolérants, ayant pour la plupart toujours travaillé de nuit et dans le cadre d'équipes complètes. Les urgences, les secteurs de réanimation et le SAMU, bien équipés, apparaissaient comme des recours techniques efficaces, qui pouvaient passer ensuite le relais aux services de jour, une fois la période urgente passée pour le malade.

Mais l'impossibilité de recruter un personnel de nuit est aujourd'hui devenue un des signes majeurs de la désertification médicale. Au début de cette année 2024, plusieurs milliers de postes d'infirmiers de nuit sont vacants et parfois dans des services critiques comme des services de pédiatrie spécialisés ou les urgences pédiatriques (débordées par l'épidémie de bronchiolite cet hiver), des centres pour le traitement du cancer réputés, des services de chirurgie cardiaque. À l'AP-HP, selon Nicolas Revel, son directeur général : « Le recrutement de 2 700 infirmières dont au moins un tiers de nuit est devenu une des priorités pour 2023-2024, car 15 % des postes sont vacants entraînant 17 % de fermetures de lits. » La pénurie d'infirmiers de nuit est aussi critique aux urgences, un secteur en crise en France et dans de nombreux systèmes de santé comparables comme la Suisse ou le Canada.

Comment en est-on arrivé là ? Au-delà des questions matérielles et de revalorisation des salaires, la crise des urgences, question stratégique pour l'hôpital, révèle aussi une gestion imparfaite du 24/24 interdisant aux urgentistes de diminuer le rythme la nuit.

Il y a en effet toujours eu un service d'urgence dans les hôpitaux, reposant dans le secteur public sur les internes de garde, et dans le privé sur les praticiens d'astreinte gérant leurs propres patients. Mais la réforme Debré d'organisation des CHU, en 1958, prévoit aussi la création de services d'urgences dans les CHU, puis dans de nombreux centres hospitaliers généraux publics : aujourd'hui plus de deux cent cinquante en France.

Au départ destinées à gérer les urgences au sein de l'hôpital la nuit et ensuite à accueillir les patients de malaises cardiaques ou accidents de la voie publique, les urgences ont été victimes de leurs succès. Et les patrons des urgences renommés « urgentistes », loin de se recentrer sur leur activité, ont trop souvent fait de l'activisme, accueillant sans aucun filtre les personnes qui se présentaient à toute heure du jour et de la nuit en se basant sur des principes indiscutables :

– l'égalité de tous d'accès aux soins. Il n'était donc pas question d'interroger en amont une personne qui vient aux urgences sur son suivi médical habituel ou sur l'ancienneté de son trouble ;
– la compétence. Si l'urgentiste ne sait pas ce qui se passe, il a le pouvoir de mobiliser ses collègues radiologues ou réanimateurs ;
– la responsabilité légale du médecin qui accueille et qui n'a pas de droit à l'erreur ;
– le principe absolu du 24/24 quoi qu'il en coûte.

« Les urgences, c'est la seule lumière allumée la nuit dans le quartier », avait coutume de dire un patron parisien des urgences. Les résultats sont là, les urgences sont saturées de patients qui ne sont pas urgents. Qui d'entre nous n'a pas été, pour lui-même ou pour un proche, confronté à ces graves dysfonctionnements des urgences : des heures d'attente dans un contexte d'impuissance et de non-information.

Dans ce contexte, le personnel des urgences, vulnérabilisé par cette organisation, se doit d'être debout et vigilant quelle que soit l'heure. Mais pourquoi ce secteur essentiel à l'équilibre du système de santé public et privé n'a-t-il pas été conseillé et repensé pour mieux définir son rôle et ses cibles ? Pourquoi certaines équipes, dans les villes les plus médicalisées de France et qui sont loin des déserts médicaux, doivent-elles faire face en même temps à des urgences vitales et aux bobos ou maux de ventre de personnes par ailleurs en bonne santé ? Pour la plupart, ces derniers ont négligé de prendre contact avec un médecin traitant dans les derniers mois et arrivent à minuit aux urgences pour demander un arrêt de travail. Sans parler des consommateurs excessifs d'alcool qui vocifèrent toute la nuit après un accident mineur ou un contrôle de police.

Cette négligence se fait aux dépens du personnel, médecins et soignants de grande qualité des urgences qui n'est pas, et c'est là notre propos, formé à gérer ce décalage de nuit.

Les médecins impliqués dans les urgences sont pour la moitié d'entre eux des juniors : internes et chefs de clinique qui sont souvent aujourd'hui formés aux gestes d'urgence mais ne reçoivent pas de conseils spécifiques pour aborder le travail de nuit. Cependant, la mise en place légale d'un repos de sécurité a permis d'encadrer leur présence aux urgences. En effet, l'arrêté du 10 septembre 2002, relatif aux gardes des internes, des résidents en médecine et des étudiants désignés pour occuper provisoirement un poste d'interne et à la mise en place du repos de sécurité, préconise que :

- un interne ne peut être mis dans l'obligation de garde pendant plus de vingt-quatre heures consécutives ;
- les gardes de nuit sont comptabilisées à raison de deux demi-journées pour une garde sur les dix demi-journées par semaine que comptent ses obligations de service ;
- le repos de sécurité, d'une durée de onze heures, est constitué par une interruption totale de toute activité hospitalière et doit être pris immédiatement après chaque garde de nuit. Pendant le repos de sécurité, l'interne ne doit être soumis à aucune obligation de service hospitalière ou universitaire. Le temps consacré au repos de sécurité n'est pas donc pas décompté dans le temps de travail de l'interne.

Cet arrêté a profondément changé les pratiques en quelques années, permettant aux internes de pas avoir à se justifier de ne pas suivre leurs patients après une garde, ou rester, comme le faisaient les internes des générations précédentes, trente-six heures d'affilée à leur travail.

Mais ce repos est-il suffisant pour compenser la dette de sommeil liée à une garde ? Nous nous sommes posé la question en demandant à une vingtaine de médecins juniors, à haut rythme de garde (de l'ordre de dix gardes par mois), de porter des actimètres (montre bracelet enregistrant les rythmes veille-sommeil) pendant deux semaines. L'analyse de leur temps de sommeil nous révèle que la garde n'est qu'incomplètement récupérée lors du repos et que ces internes restent donc en dette chronique de sommeil pendant ces semestres à haut rythme. Ils nous décrivent ce décalage d'avec leurs proches qui les fait vivre dans une sorte de brouillard entre le stress des gardes, leur vie quotidienne auprès des malades sévères et la nécessité académique d'avancer sur leur thèse et mémoires. Ce n'est pas évident en effet, quand on n'a pas de conseils, de se mettre au lit à 9 heures du matin après une nuit intense passée aux urgences ou en réanimation. Le sommeil est ensuite de courte durée et pas forcément très récupérateur.

Nous avons alors proposé à ces jeunes médecins, ainsi qu'à l'équipe de médecins seniors soumise au même rythme, une formation courte de deux heures sur le travail de nuit, ainsi que des exercices pratiques de relaxation pour mieux trouver le sommeil et des conseils : éviter de conduire, même parfois un vélo, en sortant de garde.

Des médecins pourtant formés intensément depuis six à huit ans d'études médicales ont découvert comment fonctionnaient leur sommeil et les règles d'adaptation de l'horloge biologique aux décalages imposés par les gardes. Ils ont appris à se connaître et à découvrir à quel moment leur somnolence n'était pas sans risque pour leurs patients, nécessitant une courte sieste. Ils ont aussi appris à ne pas partir de l'hôpital en conduisant leur deux-roues après avoir fait une nuit blanche. En observant à nouveau leur sommeil les semaines suivantes, nous avons vu qu'ils dormaient un peu plus, même si la dette de sommeil n'était pas complètement vaincue.

Il s'agit bien sûr d'une expérience limitée, mais qui, confrontée à la difficulté des jeunes soignants, nous permet de suggérer la mise en place de ce type de formations de manière systématique pour les internes, et sur la base du volontariat pour les médecins seniors des urgences et de réanimation soumis à un haut rythme de gardes.

Sur le plan matériel, il faut aussi de manière volontariste rénover et entretenir les chambres de garde des urgences qui font honte à l'administration hospitalière : lits défoncés, pas d'isolation sonore, pas de changements de draps systématiques – à l'interne de faire son lit et de se débrouiller pour dormir dans ces conditions. Imagine-t-on un instant proposer de telles chambres, dans d'autres secteurs d'activité, à de jeunes cadres en déplacement professionnel.

Le personnel non médical, infirmières, aides-soignantes, personnel d'accueil, n'a de son côté pas l'autorisation officielle de dormir au cours de la nuit. Certes une pause de trente minutes est prévue, mais plutôt pour se restaurer que pour faire la sieste. Il faut donc tenir sans faiblir tout au long des huit heures de travail. Huit heures qui en font souvent douze ces dernières années compte tenu de la pénurie de candidats… En effet, il est plus attractif de proposer des postes de douze heures avec trois jours de travail par semaine (trente-six heures), que des postes de huit heures sur quatre à cinq jours par semaine. Le travail en douze heures de nuit est en principe interdit par le Code du travail, sauf dérogations. Les administrations hospitalières négocient donc au cas par cas avec l'Inspection médicale du travail pour obtenir ces dérogations, justifiées par les situations d'urgence et de service public dans un contexte de pénurie.

De nombreux groupes d'experts nationaux (ANSES) et internationaux se sont intéressés aux effets sanitaires du travail en douze heures, comparé aux huit heures, et ont montré que la pénibilité des douze heures était significativement plus élevée, même si elle apparaît comme une solution sociale et personnelle plus acceptable sur le court terme. En effet, les quatre dernières heures de travail sont particulièrement difficiles à supporter sur le plan vigilance et concentration, et en particulier s'il n'y a pas de sieste possible.

Comme pour les médecins, nous recommandons une formation régulière de ces personnels sur le sommeil et les rythmes biologiques. Mais aussi la mise en place d'une vraie organisation professionnelle et informatisée qui permette d'adapter la disponibilité du personnel aux flux des patients au cours de la nuit, en installant au sein des urgences et en réanimation des salles de sieste sur le même principe que celles qui accueillent les personnels navigants des compagnies aériennes. Cela demande des négociations partenariales qui autorisent la sieste sans la déduire du temps de travail. Une urgence pour préserver la santé et la motivation de ce personnel confronté à celles des hôpitaux. Il est urgent de pouvoir dormir aux urgences.

En conclusion, il y a à côté de nous dans les transports, dans les hôpitaux, dans les magasins et la sécurité, dans les hôtels et les restaurants, un monde à part pour prendre soin de nous qui nous ressemble mais qui n'a pas le même quotidien. Ces millions de Français sont soumis à une dette de sommeil liée à leur travail avec des conséquences sanitaires parfois graves : il faut les informer, les aider à trouver leur équilibre dans la journée et dans leur vie, développer leur prévention, leur formation, faciliter l'aménagement de leurs conditions de vie et de leur qualité de travail.

CHAPITRE 2

Le prix à payer du manque de sommeil

Un monde de zombies

Épidémie de somnolence

Je m'étais déjà rendu compte, souvent avec amusement, du nombre grandissant de personnes endormies dans les transports publics le matin et en fin d'après-midi, en prenant le RER ou le train entre Paris et sa grande couronne. Dans une des rames, c'était près de la moitié des voyageurs… Certains dodelinaient de la tête, les oreillettes encore vissées au smartphone. D'autres, carrément affalées sur leurs sièges, ronflaient gentiment la tête en arrière. Un œil s'ouvrait quand la sonnerie des portières se refermait à une gare. Parfois, une personne hagarde empoignait brusquement son paquetage pour se précipiter dehors. Sourire, oui, mais aussi inquiétude de voir comment la privation de sommeil peut nous rendre vulnérable à l'accident, à l'insécurité, au manque de chance.

Mais c'est avec l'enquête réalisée il y a dix ans sur « sommeil et transport » avec l'Institut national du sommeil et de la vigilance (INSV) que j'ai mesuré l'ampleur de la somnolence dans les transports en France. La moitié des Français se disaient somnolents ou très somnolents dans les transports en commun. Près d'un passager sur quatre rapporte s'endormir systématiquement tous les jours dans les transports… et un quart supplémentaire ne s'endort pas tous les jours, mais souvent. En moyenne les passagers qui dorment ont vingt-trois minutes de sommeil sur l'aller-retour, mais ceux qui habitent plus loin (à plus de 20 kilomètres de leur travail) dorment en moyenne trente-trois minutes par jour dans les trains RER, TER ou bus.

Plus grave, la même enquête révèle que près d'un conducteur sur dix, allant ou revenant du travail, s'est endormi au volant au cours de la dernière année. Ce sont principalement de jeunes hommes. Les trois quarts de ces endormissements ont lieu sur une voie rapide (deux ou quatre voies). Pour un tiers de ces conducteurs somnolents, c'est le manque de sommeil qui est responsable de cet accident. Fort heureusement neuf sur dix ont réussi à redresser la barre à temps sans accident, mais 10 % ont eu un accident, ce qui est impressionnant…

Cette somnolence dans les transports m'apparaît de plus en plus évidente dans la vie de tous les jours lorsque, par exemple, les flux d'adolescents se croisent en début de matinée ou en fin d'après-midi dans les transports en ville ou lors du ramassage scolaire dans les zones rurales. Beaucoup se précipitent par groupes sur les places assises disponibles et, le smartphone en main, ferment les yeux et s'échappent du réel (dorment-ils vraiment ? ils sont absents) malgré la cohue ambiante, au risque de louper leur station au grand amusement de leurs camarades. Le ramassage scolaire est indéniablement une belle opportunité mais il est associé à un réveil en moyenne une heure plus précoce chez l'enfant, qui n'est le plus souvent pas compensé par un coucher plus tôt. Cette privation de sommeil est parfois sévère, car les parents mettent souvent toute leur affection à se lever encore plus tôt pour préparer un petit déjeuner de qualité et arriver à la bonne heure à l'arrêt de bus. Elle est souvent associée à de moins bons résultats scolaires en particulier lors des épreuves matinales.

C'est en entendant un adolescent en apostropher un autre qui fonçait sur lui en scooter (« t'es zombie ou quoi ? ») que je me suis rendu compte, comme bien des parents, des éducateurs, des entrepreneurs ou des simples observateurs, lorsqu'ils ont la possibilité de prendre du recul sur ce sujet, que la privation de sommeil associée à l'utilisation excessive de smartphones et de jeux vidéo a véritablement transformé une partie de la population en « zombies ».

Économisant leurs gestes, et même leurs trajectoires, marchant en ligne droite, le nez sur le smartphone, ils ne se préoccupent plus de leur environnement proche, passants ou véhicules, ne regardent pas autour d'eux, ne s'arrêtent pas en cas d'obstacle : à pied, à vélo, en scooter ou en voiture le phénomène est le même. Sensibles à la frustration (un feu rouge, un métro qui s'en va, un obstacle sur le chemin), ils sont capables de s'énerver excessivement par rapport à la banalité de l'incident et n'ont de cesse de reprendre leur route. Mettez-vous sur leur chemin, protestant de devoir partager le trottoir avec un VTT monté par un cycliste au casque antibruit relié à son smartphone posé en évidence sur le guidon, et vous risquez une bordée d'injures plutôt qu'un sourire compatissant et un « pardon ».

Leur visage est fixe, les yeux brillants, reflétant une tension intérieure qui provient du débat qu'ils entretiennent à chaque instant avec les réseaux sociaux. L'afflux d'informations est difficile à gérer et les fait souffrir : l'éco-anxiété, la guerre en Ukraine, le terrorisme, les inondations, mais aussi les centaines de groupes WhatsApp qui relaient images, commentaires, émoticônes, sentiments intimes, soucis familiaux à côté des réunions professionnelles, enjeux commerciaux et sociaux, devoirs à faire, rapports à rendre, appels à donner, rivalités et compagnonnages. Faut-il répondre, faut-il envoyer un smiley, une courte vidéo TikTok ou Snapchat ou laisser courir jusqu'au prochain arrêt ? Ils font souvent le même trajet chaque jour, compressés par moments dans le métro, le train ou dans des embouteillages avec un comportement automatique pour aller du point A au point B le plus vite possible.

Ils semblent téléguidés par leurs casques ou leurs écouteurs. Considérées il y a quelques mois à peine comme ésotériques, ces petites baguettes blanches, fixées aux oreilles et sans fil de connexion, sont maintenant devenues des accessoires indispensables de la moitié des adultes et des deux tiers des adolescents. Le marché mondial semble si florissant : la vente des écouteurs et casques audio a été évaluée à 58,2 milliards de dollars en 2022. Elle devrait atteindre les 83 milliards en 2025.

Une enquête amusante mais impressionnante du constructeur JBL auprès d'un groupe représentatif de jeunes utilisateurs en 2020 rapporte que plus de la moitié des interrogés admettent utiliser leurs écouteurs pour ignorer les gens autour d'eux sans écouter de musique. Cette tendance est plus importante chez les femmes, 54 %, contre 45 % des hommes.

J'ai moi-même commencé à voyager avec un casque antibruit lors d'un retour des États-Unis. J'étais gentiment agacé par mes collègues et voisins, benoîtement isolés de toute conversation et qui semblaient récupérer très bien le décalage horaire sans être perturbé par les vibrations de l'avion. À l'escale, je me suis fait conseiller et j'ai adopté un modèle correspondant en Bluetooth avec mon smartphone, mais permettant surtout de développer des bruits blancs filtrants adaptés à l'ambiance sonore extérieure. C'est extraordinaire, on ne peut plus s'en passer. J'ai retrouvé avec plaisir la possibilité de lire un livre presque entier sur un trajet d'avion sans être gêné par les annonces permanentes de l'équipage, les échanges un peu bruyants des passagers, les pleurs des petits enfants, les vibrations de l'avion. Le voyage est nettement moins fatigant et on mesure, lorsqu'on a ce casque ou ces oreillettes, combien on peut être décalé par rapport au voisinage, même si on écoute de la musique ou des podcasts plutôt que du bruit blanc.

Mais je n'ai pas encore porté d'oreillettes blanches dans le métro lors de mes pérégrinations quotidiennes assez courtes et je peux encore prendre un peu de recul pour observer à quel point le phénomène se répand et touche sévèrement les plus fragiles, frappés par la dette de sommeil, automatisés, guidés par leurs mobiles et leurs oreillettes tout au long des couloirs des gares et dans nos cités entre travail ou lycée et domicile. À la maison, de nouveaux comportements surprenants apparaissent chez les utilisateurs d'écouteurs sans fils. Ainsi, 28 % des interrogés reconnaissent porter leurs écouteurs à table en présence d'autres personnes.

Mais les liens familiaux et amicaux sont importants pour les jeunes Européens puisque, selon l'étude, 85 % les ôtent pour parler à leurs amis et neuf fois sur dix pour échanger avec leur famille.

L'étude JBL 2020 montre également un comportement réparti en deux groupes générationnels. Ainsi, les membres de la génération Z semblent plus disposés à partager un écouteur avec un tiers (48 %) que la génération Y (36 %). De plus, ils se montrent plus sociables que leurs aînés qui déclarent pour la moitié d'entre eux ne pas être disponibles lorsqu'ils portent leurs écouteurs.

Lorsqu'on lit des articles sur les prochaines générations d'hommes connectés, les oreillettes sont souvent évoquées : près du cerveau, à ce carrefour sensible de l'oreille interne, elles peuvent nous guider, sélectionner et amplifier les voix, et pourquoi pas un jour nous dicter ce qu'on doit répondre lors de choix quotidiens d'orientation, de direction, de consommation, de déplacements. Mais avec le taux d'équipement d'oreillettes dans nos grandes villes et dans les transports, l'humain connecté, c'est peut-être déjà une réalité.

Quel lien entre ces comportements automatisés et la privation chronique de sommeil ? Les études de privation de sommeil, que nous avons réalisées avec notre équipe de recherche sur des jeunes en bonne santé, montrent que les nuits de courte durée altèrent toute capacité d'innovation, de créativité et que cela les rend soumis aux consignes mais de manière souvent rigide et peu adaptative. C'est donc sur cette population vulnérable, en privation de sommeil, que les réseaux sociaux portés par les smartphones et oreillettes adaptées ont le plus d'influence potentielle.

Isolement social baisse d'interactions

Au-delà de la conséquence de la privation de sommeil sur le visage, il est intéressant de voir comment l'expression de la face : l'intérêt, le rire, l'inquiétude, la compréhension, l'empathie, peuvent être aussi altérées. Cela peut clairement représenter un manque de chance, pour ces personnes privées chroniquement de sommeil, d'entrer en contact ou en relation avec les autres. Le travail en horaires décalés, l'insomnie ou la privation chronique de sommeil s'accompagnent souvent d'une restriction des relations sociales et culturelles.

Originalement, l'équipe de Matthew Walker, un chercheur sur le sommeil et la cognition basé à Berkeley en Californie, a décrit trois expériences où la privation de sommeil chez 24 adultes en bonne santé réduit l'entraide entre les humains. Cette diminution d'initiative se fait aussi bien aux dépens des proches que de personnes étrangères et ne semble pas être liée à l'humeur, mais à une atténuation de l'empathie. Ce changement de comportement semble avoir des bases physiologiques observées à l'IRM fonctionnelle avec une baisse de l'activité des réseaux de neurones de cognition sociale.

Sur le plan sociétal, Matthew Walker a aussi observé que les donations caritatives des Nord-Américains étaient diminuées significativement les jours de changement d'heure (heure d'hiver, heure d'été) s'accompagnant de la perte d'une heure de sommeil. Une perspective à prendre en compte pour de futures campagnes de dons… Une autre étude menée par Matthew Walker montre de manière intéressante que plus une personne est privée de sommeil, plus elle a tendance à s'éloigner physiquement de son interlocuteur proche, mettant une distance entre elle et les autres, prémonitrice d'un isolement social plus marqué chez ceux qui sont privés de manière chronique de sommeil. Je vous conseille d'observer cette curieuse distanciation autour de vous. Elle touche en effet nos proches, nos relations professionnelles. Plus ils ont fait une nuit courte, plus ils se tiennent à distance de nous. C'est très interrogeant.

Une tête à dormir debout…

C'est vrai que, lorsqu'on a mal dormi, il est difficile de dissimuler ses rides, ses paupières tombantes, son regard un peu perdu, de retenir les bâillements du matin. Vos proches ne s'y trompent pas : « Dis donc, qu'est-ce que tu as fait cette nuit ? », disent les plus taquins, tandis que les autres sont frappés par votre expression fatiguée, surtout si cela se répète de jour en jour depuis des semaines, voire des mois.

Alors quels que soient les maquillages ou le nombre de cafés, le masque de la fatigue va demeurer jusqu'à ce que la journée commence à avancer, avec la perspective d'un possible repos le soir. Seuls les très jeunes en pleine forme peuvent faire illusion après une nuit blanche en raison de l'élasticité et la fraîcheur de leurs visages.

La restriction de sommeil altère le visage

Avec notre équipe de recherche VIFASOM, et à la demande de la fondation LVMH Recherche, nous avons tenté de mieux comprendre comment notre visage peut apparaître fatigué après une mauvaise nuit. Dans cette étude You Look Sleepy, 24 femmes âgées de 30 à 50 ans ont accepté de se prêter à une expérience permettant de regarder leur visage avant et quarante-huit heures après deux nuits très courtes avec seulement trois heures de sommeil. Cette étude était donc un protocole de restriction (dormir moins que d'habitude) mais pas de privation totale de sommeil.

Des photographies très précises des visages, de type *color face* utilisées par les esthéticiennes, permettaient d'observer les changements, notamment sur la couleur de la peau et la taille des rides. Mais nous avons aussi fait des mesures non invasives sur le visage de l'hydratation de la peau, de la transpiration, des larmes, de la desquamation et des analyses chimiques des petites cellules qui se détachaient.

Nos résultats nous ont impressionnés, même si nous avions constaté par nous-mêmes à quel point ces jeunes femmes très motivées avaient l'air fatiguées et privées de sommeil. Nous avons pu en effet observer objectivement une hydratation plus faible de leur peau, une transpiration accrue et une diminution de l'extensibilité et de la viscosité de la peau après la restriction. L'acidité de la peau a aussi augmenté. Sur les photographies, la luminosité et la saturation ont également diminué de manière significative le matin et l'après-midi.

Deux nuits courtes suffisent donc à modifier significativement l'apparence de la peau et du visage dans notre groupe test de femmes ayant habituellement un bon sommeil. On peut donc imaginer combien les nuits courtes de la plupart des citadins – plus d'un tiers d'entre eux dort moins de six heures par nuit pendant la semaine – peuvent transformer leur visage, leur expression et même leur capacité de communication. On peut comprendre les visages durs et fermés, encore alourdis de sommeil que nous croisons le matin en allant au travail, et qui contrastent avec ceux de rares personnes qui ont l'air d'avoir passé une bonne nuit réparatrice.

Un visage sans sommeil, signe de vulnérabilité

Le visage reflète donc le mauvais sommeil et c'est impressionnant d'observer que, dans les situations extrêmes – les images de guerre en Ukraine ou à Gaza –, les visages exténués des habitants et des soldats reflètent leur grande vulnérabilité. Il s'agit cependant de situations de guerre qui portent aussi l'anxiété, la peur, la souffrance.

Les privations volontaires de sommeil ont été pour la première fois réalisées aux États-Unis, à l'occasion d'un mélange de jeu radiophonique et d'expérience scientifique. Randy Gardner a établi un record mondial en restant éveillé onze jours et vingt-quatre minutes de suite devant témoins. Régulièrement interrogé à la radio, qui révélait la transformation de sa voix pâteuse et saccadée, il était dans l'impossibilité de répondre à certaines questions simples de mémoire.

Mais William Dément, le célèbre spécialiste du sommeil et psychiatre californien, qui était observateur de cette performance, a aussi raconté l'instabilité de son caractère pendant cette privation, ses fréquentes sautes d'humeur, une certaine paranoïa, des problèmes de concentration et de mémoire à court terme et l'émergence d'hallucinations sans doute liées à la privation de sommeil paradoxal.

Ce type de privation « même volontaire » de longue durée n'a plus été réalisée à notre connaissance, tant nous pensons qu'elle pourrait déclencher un traumatisme sur le fonctionnement ultérieur du sommeil. Le maximum de privation que nous réalisons dans notre centre du sommeil est celle d'une nuit blanche complète et les réactions sont déjà très impressionnantes. Les volontaires, le plus souvent jeunes, que nous privons d'une nuit ont souvent le visage tiré, avec une envie de dormir qui se voit à l'œil nu, luttant contre la somnolence et ne maîtrisant pas toujours complètement leur comportement : risques d'erreurs et de chutes. Heureusement, nous les entourons toujours attentivement et ils sont bien sûr libres à tout moment d'arrêter leur participation au protocole.

Lire le manque de sommeil en photo

Un groupe de chercheurs suédois, mené par Sundelin et Axelsson, a aussi réalisé plusieurs études sur les effets du manque de sommeil sur l'expression du visage en réalisant des photographies de visages corrélées à des échelles de fatigue. Dans un premier temps, 65 observateurs non formés ont évalué les photographies de 23 jeunes après plus de trente heures de privation de sommeil par rapport à celles réalisées après une bonne nuit de sommeil. Ils se sont concentrés sur la santé perçue et, en effet, les personnes privées de sommeil ont été facilement jugées en moins bonne santé, plus fatiguées et moins attirantes.

Ensuite, 60 jeunes personnes ont évalué les indices de fatigue de 10 jeunes hommes et femmes photographiés après plus de trente heures de privation de sommeil. Pour ce faire, les auteurs se sont concentrés sur les paupières, les yeux rouges, les cernes sous les yeux, mais aussi les coins de la bouche qui s'affaissent. Leurs résultats montrent que le manque de sommeil est perceptible par des observateurs externes, sur la base de simples photographies antérieures, sans différence entre les hommes et les femmes.

Mais aussi, plus récemment, des photos numériques tirées au sort de 181 jeunes privés ou non d'une nuit de sommeil et présentées à l'analyse numérique, spectrale, de la forme des yeux ou de la bouche n'ont pas pu être différenciées significativement. Il n'y a donc pas encore de détection automatique de la fatigue par intelligence artificielle à partir de photographies.

Ce seraient probablement les vidéos qui seraient les plus intéressantes à étudier, mais je n'ai pas encore trouvé de recherches à ce sujet.

Une voix qui tombe de fatigue

Soprano trop haut

La voix, notre moyen le plus évident de communication et qui révèle intimement notre personnalité est, elle aussi, altérée par la privation de sommeil. C'est à la suite d'une consultation à l'Hôtel-Dieu que j'ai pu comprendre à quel point cela pouvait avoir un grand retentissement professionnel. Une chanteuse d'opéra soprano déjà célèbre se partageait entre deux troupes à Paris, où elle vivait le plus souvent, et à Tokyo au Japon où elle se déplaçait environ dix jours par mois pour une semaine de représentations. Autant sa voix était appréciée et célébrée par la presse et ses collègues à Paris, autant elle ne passait plus à Tokyo pour des répertoires pourtant similaires. Certes, il y avait un environnement professionnel et affectif différent entre les deux villes, mais elle ne parvenait pas, elle le disait elle-même, à être satisfaite de sa voix au Japon et cela l'affectait sincèrement. Elle envisageait d'annuler sa prochaine tournée.

Je lui ai donc proposé d'étudier ses rythmes de sommeil pendant tout un mois de tournée entre Paris et Tokyo à l'aide d'un bracelet connecté permettant d'évaluer comment fonctionnait son horloge biologique. L'analyse par logiciel des données de ce bracelet nous a montré qu'elle avait du mal à s'adapter au décalage horaire vers le Japon, c'est-à-dire vers l'est, qui est en effet l'un des plus difficiles à supporter.

Car lorsqu'on se déplace au contraire vers l'ouest (comme vers les États-Unis) on adopte le sens des aiguilles d'une montre de l'horloge biologique. Le premier jour on aura entre trente et trente-trois heures (selon qu'on se rend sur la côte est ou la côte ouest) pour adapter son sommeil au nouvel horaire. À l'opposé, un déplacement vers l'est, comme pour le Japon, réduit notre première journée à dix-neuf heures et rend difficile l'adaptation des horaires de sommeil. Le film *Lost in Translation* de Sofia Coppola montre Bill Murray, une star de cinéma sur le déclin venant tourner un spot de publicité japonais, qui ne parvient pas à dormir la nuit à Tokyo.

Et c'est bien ce qui arrivait à cette jeune soprano, qui ne dormait que quatre à cinq heures les premiers jours de sa tournée au Japon et était donc en privation de sommeil lorsqu'elle chantait, de plus dans des créneaux horaires correspondant à 1 ou 2 heures du matin (si elle se référait à l'horaire français).

Je lui ai donc donné des conseils pour lutter contre les effets du jet-lag en utilisant la lumière, l'activité physique et l'environnement thermique. Conseils certes contraignants pour les voyageurs ordinaires mais qui, dans son agenda très discipliné, ont porté leurs fruits avec une voix qui a été chaleureusement applaudie en fin de sa tournée cette année-là.

Depuis la période du covid, à la demande du médecin du travail de l'Opéra, le docteur Valentine Kasbi Benassouli, nous avons aussi multiplié les initiatives de prévention de sommeil auprès des personnels de l'Opéra de Paris qui se trouvent fortement exposés au stress, aux horaires changeants et donc au mauvais sommeil. Un des critères absolus de réussite de notre prise en charge est quand ils me disent qu'ils se sentent à nouveau bien dans leur voix.

Manque de voix aux urgences

C'est aussi au cours de mes recherches sur le travail de nuit que je me suis rendu compte, sans pouvoir le mesurer objectivement, que la voix était un signe très sensible de la privation de sommeil. Interne déjà, quand appelé en pleine nuit pour rejoindre les urgences et tentant de donner, mal réveillé, mes premiers conseils à l'équipe paramédicale, il m'arrivait souvent qu'on me demande de répéter, tant ma voix était faible et indécise. C'est d'ailleurs une histoire classique de salle de garde qui raconte qu'un interne réveillé au milieu de la nuit, dicte une ordonnance au téléphone en disant qu'il arrive immédiatement, mais retombe dans le sommeil ayant complètement oublié ce qu'il a dit. Les équipes d'urgence habituées font la part des choses.

Mais c'est vrai aussi qu'une voix décidée reflète souvent une personne en pleine forme et qu'on a plus tendance à lui faire confiance. Dans le monde de la santé, lors des gardes de longue durée ou répétées, ce qui inquiète, c'est lorsque les internes, chirurgiens, infirmières de bloc ou anesthésistes et réanimateurs ne parlent plus du tout, réservant leur voix à l'essentiel. Ce versant « taiseux », ce manque de mots, d'envie, de traits d'humour ou même d'agacement est un signe de privation extrême qui se manifeste dans les dernières heures du travail de nuit, et en particulier dès lors qu'on dépasse huit heures de travail en horaires de nuit ou décalés. Et c'est pourquoi nous avons soutenu avec les experts de l'ANSES, dans un rapport sur les effets sanitaires du travail de nuit, d'éviter les postes de travail de douze heures aux urgences et en réanimation.

LA VOIX DES MATINALES

De haute réputation dans le monde des médias, les journalistes des matinales font l'un des métiers les plus durs de la presse. Les matinaliers sont ceux qui préparent, sur les grandes radios ou les chaînes de télévision grand public ou d'information continue, les premiers journaux du matin, dont les éditions commencent le plus souvent vers 6 h 30-7 heures, mais parfois à 5 heures du matin. Cela impose un rythme monastique et difficilement compatible avec une vie sociale ou familiale, car il faut se lever vers 3 heures du matin et donc théoriquement se coucher au moins six heures avant, vers 21 heures. À moins d'être très cadré, cela relève de l'exploit quotidien. C'est pourtant un métier enivrant de « veilleur d'information », offrant le grand intérêt personnel et professionnel de découvrir les nouvelles, en particulier internationales, au petit jour en *prime time*, et donnant le rôle de compagnons quotidiens de millions d'auditeurs ou de téléspectateurs sur le chemin du travail. Mais il leur faut organiser leur vie, et en particulier leur sommeil, comme un ermite ou un navigateur solitaire, c'est-à-dire en plusieurs épisodes : le principal avant le travail et un grand somme après, pour ne pas se trouver en privation de sommeil. La voix des journalistes en matinales et de différentes équipes d'animation est connue et repérée par les auditeurs. Aussi leur semble-t-elle particulièrement précieuse.

J'ai par exemple souvent participé comme invité à ces journaux matinaux, dont celui de William Leymergie, le journaliste qui a le plus longtemps et brillamment animé l'émission matinale *Télématin* sur France 2. J'ai pu observer combien il fallait de discipline et d'entraînement pour bien maîtriser sa voix et ses réponses le matin. C'est d'abord une question de motivation : pourquoi élever le ton alors que tout est aussi calme autour de soi. C'est aussi une question de physiologie : la température, le cortisol, l'hydratation ne sont pas en phase avec la tâche demandée. Mais avec une stricte discipline, ces journalistes aux rythmes de sportifs parviennent à s'adapter.

La voix, un signe de vigilance au volant

J'ai passé il y a quelques années plusieurs nuits pendant quelques semaines, à l'invitation du service de santé au travail, sur les circuits d'essai automobile de Renault. Sur ces routes privées, les prototypes sont « roulés » pendant quelques dizaines de milliers de kilomètres jour et nuit pour tester l'endurance des différents composants des voitures avant de les commercialiser. Les conducteurs d'essai ont un métier éprouvant, car le circuit ne fait que 22 kilomètres et est donc très répétitif. Les pilotes doivent le plus souvent s'astreindre à respecter la vitesse limite autorisée de 130 km/heure sauf dans les boucles de vitesse « réservées aux véhicules de sport ». Deux des pilotes s'étaient endormis sur le circuit dans les mois précédents, provoquant des accidents matériels graves sur des prototypes coûteux, heureusement sans conséquences accidentelles humaines. J'ai donc été appelé, avec mon équipe, pour tenter de prévenir ces périodes d'endormissement au volant potentiellement accidentogènes.

Nous avons aussitôt équipé d'électrodes des tandems de deux pilotes volontaires en interaction, pour mesurer leur somnolence et leur vigilance tout au long des huit heures consécutives de conduite de nuit. Grâce à l'analyse en temps réel de la vigilance des pilotes par électroencéphalogramme, nous avons constaté qu'ils s'étaient régulièrement endormis sur le circuit, par périodes de quelques secondes à quelques minutes sans s'en rendre compte. Nous avons bien sûr évité de les réveiller en plein circuit puisque leurs automatismes leur permettaient de se réveiller à temps pour aborder le prochain virage. Mais le constat faisait froid dans le dos, puisqu'en moyenne les pilotes étaient endormis pendant 4 % du temps de conduite. Nous les avons encouragés à faire au moins deux siestes par nuit de travail et leur avons proposé une exposition à la lumière à l'issue de la sieste. Nous avons alors constaté une forte diminution des périodes d'endormissement au volant, mais qui représentait cependant toujours près de 2 % de la période de conduite.

Cela paraît donc inexorable que les conducteurs et chauffeurs poids lourds longues distances et longue durée s'endorment par périodes, surtout lorsqu'ils conduisent la nuit. Les spécialistes du transport routier savent eux-mêmes qu'ils s'endorment par périodes de quelques secondes, voire une minute, au volant, conduisant « en automatique » sur les autoroutes et reprenant leurs commandes au réveil. Beaucoup utilisent des stratégies pour éviter les accidents : certains naviguent en fonction des vibrations de la ligne d'arrêt d'urgence comme signe d'alarme ; d'autres roulent en convois et se surveillent réciproquement à tour de rôle.

Cette somnolence au volant des professionnels est une grande préoccupation de santé publique. Depuis dix ans, la Fondation Vinci pour une conduite responsable mène de très nombreuses initiatives d'information, de recherche, de prévention pour limiter ces accidents. Le personnel travaillant sur les autoroutes pour la sécurité de tous est régulièrement gravement impacté par ces conducteurs somnolents avec plusieurs accidents mortels de ces fameux « camions orange de sécurité d'autoroute » percutés par des véhicules roulant sur la bande d'arrêt d'urgence. D'autres ne perçoivent la zone accidentelle que trop tardivement. La fondation installe presque tous les étés depuis dix ans des zones de sieste sur les aires d'autoroute, incitant les usagers à faire des pauses reposantes au moins toutes les deux heures. Elle tente d'établir aussi un lien culturel entre les automobilistes et le personnel d'entretien de ces autoroutes, en développant des ateliers de lecture ou de jeux. Le but est de stimuler les conducteurs et les passagers, car la monotonie de la route aggrave le risque d'inattention et de somnolence au volant.

Il ne s'agit pas le plus souvent chez les conducteurs de véhicules lourds de privation voulue de sommeil, mais de la désynchronisation de notre horloge biologique avec les horaires de travail. Il n'est pas possible d'équiper tous les conducteurs d'électrodes d'électroencéphalogramme pour mesurer leur somnolence avant la période accidentelle, mais on pourrait peut-être se baser, là aussi, sur la voix. Pendant nos nuits passées sur les circuits de Renault, nous étions le plus souvent en contact avec les équipes techniques installées en haut d'une sorte de tour de contrôle qui domine l'essentiel du circuit, et qui permet de suivre à vue et par contact radio la vingtaine de voitures engagées en même temps sur le circuit. Nous avions décidé d'interroger les conducteurs volontaires sur leur état de somnolence à l'aide de l'échelle de Stanford qui permet de se situer entre 1, très bien réveillé, et 7, complètement endormi. Ce qui nous a frappés, c'est à quel point la voix des pilotes interrogés était révélatrice de l'état de somnolence ressenti : 7 était annoncé par une toute petite voix pâteuse, alors que 1 ou 2 était annoncé franchement avec la voix habituelle d'une personne bien éveillée.

Grâce à l'IA, votre voix en dit long…

L'idée de mettre au point un test simple pour mesurer la privation de sommeil nous est restée en tête pendant plusieurs années : il fallait un test simple, non invasif (pas de prise de sang), compréhensible par tous et complètement personnalisé. C'est ainsi que nous avons été amenés à collaborer avec Daniel Pressnitzer, directeur de l'équipe Audition et codirecteur du Laboratoire des systèmes perceptifs de l'École normale supérieure avec les chercheurs Thomas Andrillon, Étienne Thoret et Caroline Gauriau, pour développer un test sur la voix.

Chacun a pu faire l'expérience d'un manque de sommeil, à la suite d'une nuit trop courte ou un lendemain de fête, des altérations de sa propre voix : voix cassée, même sans avoir passé la nuit à chanter, et des mots qui en remplacent d'autres plus appropriés… Nous avons ainsi travaillé avec une vingtaine de femmes autorisées à ne dormir que trois heures par nuit, deux nuits de suite. Cette privation de sommeil reflète de façon assez proche celle induite par certaines situations de travail posté de nuit.

Dans une première phase de l'étude, Étienne Thoret et Daniel Pressnitzer ont cherché à caractériser les différentes dimensions de la voix pouvant être affectées par la privation de sommeil et à quantifier, de manière objective, leurs altérations. Ils ont alors commencé leur étude par une analyse purement acoustique des enregistrements des voix, avant et après privation de sommeil. Puis ils ont calculé, pour chaque enregistrement, des représentations des sons par fréquence, par modulation de fréquence et par modulation temporelle. Ces différents critères acoustiques sont reliés non seulement à la prosodie (mélodie de la phrase, modification de la voix, variation du débit de parole), mais aussi au timbre de la voix (voix claire ou voix cassée). Ces facteurs peuvent quant à eux être reliés à des marqueurs physiologiques comme la variation du débit de paroles directement relié aux capacités motrices ou le timbre directement relié aux vibrations des cordes vocales.

Cette première partie de l'étude, ayant permis aux chercheurs de confirmer l'hypothèse selon laquelle prosodie et timbre sont bien modifiés par la privation de sommeil, l'équipe a cherché à comprendre de quelle manière ils étaient affectés. Les méthodes classiques ne permettant pas de mettre en évidence des différences très claires dans ces altérations induites par la privation de sommeil, nous avons fait appel aux techniques de *machine learning*. Si ces techniques permettent de détecter des relations entre des extraits d'enregistrement réalisés avant et après la privation de sommeil, et les propriétés acoustiques des sons qui permettent de les discriminer, elles restent cependant comparables à des « boîtes noires » dont on ne maîtrise pas le fonctionnement intime.

Nous avons donc entraîné des intelligences artificielles (IA) à faire ces tâches de discrimination avant et après privation de sommeil pour voir si elles étaient capables de détecter les différences dans les enregistrements. Les premiers travaux ont permis de constater que, au niveau individuel, l'IA est capable de bien identifier des différences entre les enregistrements vocaux et donc de détecter la privation de sommeil et la variabilité entre les individus. En revanche, au niveau d'une population, les résultats ne sont pas aussi fiables.

Dans un second temps, nous avons poussé les investigations et développé des méthodes afin de comprendre comment ces IA fonctionnent et ce qu'elles recherchent précisément dans les enregistrements pour y détecter la privation de sommeil. Nous avons également essayé de quantifier ce qui relève de la prosodie, du timbre et vérifié que les algorithmes ne prennent pas en compte d'autres sons ou bruits non liés à la voix. Ces recherches avancées ont permis d'affiner les résultats de l'étude et de produire une cartographie de la privation de sommeil dans la voix pour la vingtaine de sujets de l'étude, et ce en identifiant clairement et en quantifiant les altérations dans la prosodie et dans le timbre. Ayant simultanément associé le ressenti de fatigue de chaque personne privée de sommeil avec les analyses de sa voix, nous pouvons maintenant évaluer le degré de fatigue d'une personne grâce à l'analyse de sa voix.

Les résultats de cette étude permettent désormais d'envisager des protocoles de détection de privation de sommeil par l'analyse de la voix grâce à l'IA. Non invasive et rapide, cette méthode est particulièrement intéressante dans différents secteurs d'activité pour lesquels la baisse de vigilance due à une privation de sommeil peut avoir des conséquences graves en termes d'accidentologie notamment.

Dans la poursuite de cette étude, des marqueurs vocaux pourraient être corrélés à des facteurs physiologiques spécifiques, ouvrant la voie à des « stéthoscopes du sommeil » accessibles et non invasifs. L'équipe de chercheurs applique actuellement le même type de méthodologie pour le développement d'autres biomarqueurs vocaux afin d'aider, par exemple, à suivre des personnes soignées de leur insomnie par la thérapie cognitive et comportementale. L'hypothèse est de penser que la voix, reflet de notre émotion et de notre cognition, pourrait être améliorée en même temps que le sommeil et être ainsi un bon marqueur de l'efficacité du traitement.

Ces aspects physiologiques de la privation de sommeil que nous avons observés sur le visage, sur l'expression, sur la voix ont des conséquences comportementales qui s'étendent aux relations sociales d'empathie, de soutien, d'entraide. Lorsque vous êtes professeur et que vous avez devant vous le visage fatigué et la voix pâteuse d'un adolescent, cela vous agace et ne vous incite pas à lui transmettre des savoirs. Une étude systématique de la voix des professeurs d'école secondaire montre à quel point le mauvais sommeil impacte leur stress et la qualité de leurs cours. Lorsqu'un employeur retrouve chaque jour son salarié bâillant et avec une voix hésitante il n'a pas tendance à lui proposer un poste plus intéressant. Lorsqu'un jeune entrepreneur doit faire le pitch de son projet avec sa voix d'après nuit blanche, ça ne passe pas non plus.

Mais réciproquement, les personnes privées de sommeil ressentent l'attitude antipathique de ceux qui leur font face et cela les incite à se replier, à s'enfermer sur elles-mêmes, à aggraver leur isolement et leur repli social. Il en résulte un vrai manque de chance pour ceux qui sont privés de sommeil au jour le jour et qui risquent de s'isoler peu à peu dans leur bulle de somnolence et d'automatismes sans trouver de soutien autour d'eux.

Du syndrome d'Edison au syndrome Netflix

La fée électricité

Au cours des années 1920-1930, l'électricité a radicalement transformé le rythme de vie de millions de foyers, avec l'installation progressive de lampes, d'abord dans les grandes villes puis dans les campagnes. Une révolution de quelques décennies, souvent appelée syndrome d'Edison du nom de Thomas Edison, l'inventeur de l'ampoule électrique, qui les a fait sortir du rythme solaire à un rythme beaucoup plus personnel et individuel. Avec l'électricité à la maison : je maîtrise la lumière la nuit, je peux lire, travailler, me distraire, me déplacer, me coucher plus tard quand je veux.

L'électricité nous a ainsi fait oublier l'importance de l'alternance jour-nuit et de la succession des saisons. Cela a parfois complètement bouleversé les habitudes des hommes habitués à vivre auparavant sous la contrainte de la lumière naturelle. On est ainsi passés d'une vie familiale ou à plusieurs familles autour du feu avec obligation de se réfugier dans sa chambre obscure et mal chauffée, à une individualisation des soirées, à la capacité de se retirer seul dans sa chambre pour lire ou écrire. Cela a d'abord été réservé aux personnes adultes et prospères, puis de plus en plus largement aux populations des villes qui presque partout aujourd'hui vivent à la lumière électrique.

Ce n'est cependant qu'assez récemment que l'éclairage électrique est apparu à domicile. Les premiers lampadaires électriques dans les villes dont Paris datent des années 1850-1870.

Mais ce n'est qu'en 1910 qu'on installe les premières lampes populaires dans les maisons. Les sociétés distributrices proposent une lampe par logement qui éclaire la pièce principale. Le compteur n'existe pas encore mais l'usage de la lumière est strictement réglementé : le soir jusqu'à 23 heures et de bon matin. Le 1er janvier 1914, à Paris, le réseau est unifié sous la direction de la Compagnie parisienne de distribution de l'électricité. Il s'agit d'une véritable transformation des rythmes de vingt-quatre heures, en particulier chez les plus aisés qui peuvent se permettre de veiller tard le soir et de se lever tard pour aller (ou non) au travail.

Certains y perdent totalement leur rythme, tel Marcel Proust, raconté par Céleste Albaret sa fidèle domestique :

> « Nous avions nos veillées, pour ainsi dire, sauf que, comme la nuit était le jour, elles commençaient en général vers 2 ou 3 heures du matin, guère avant, quand il rentrait d'une sortie ou qu'il s'arrêtait de travailler, s'il n'avait pas bougé de sa chambre. Plus c'est allé, plus ces veillées se sont prolongées. D'abord, il me libérait vers 5 ou 6 heures du matin, peut-être 7 heures ; ensuite, il a pris l'habitude de me rappeler ; c'est devenu 8 heures, 9 heures, parfois 9 heures et demie. Cela m'était égal : au bruit de la sonnette, j'arrivais aussitôt, les cheveux dans le dos comme je l'ai raconté, toujours souriante, et prête à l'écouter, même si le coup de sonnette m'avait réveillée dans un début de premier sommeil » (Céleste Albaret, *Monsieur Proust*, 1973).

Du petit écran aux multiples écrans

Puis les soirées de millions de familles ont été rythmées par la télévision. D'abord le journal de 20 heures en France, souvent programmé beaucoup plus tôt (à 18, 19 heures) dans les pays anglo-saxons. Suivait le film jusqu'à 22 h 30 où les émissions de variété de Maritie et Gilbert Carpentier, Michel Drucker avec *Champs-Élysées*. Certains soirs, d'autres suivaient jusqu'à 23 heures les émissions d'histoire de Decaux et Castelot, *Apostrophe* avec Bernard Pivot, *Les Dossiers de l'écran*. Quelques premières séries américaines s'intercalaient déjà dans les agendas des familles de *Mannix* à *Colombo*, de *Chapeau melon et bottes de cuir* à *La Petite Maison dans la prairie*. Mais la télévision, souvent regardée à plusieurs, avait adopté des rythmes assez équilibrés, tentant de donner le signal du coucher des enfants de *Bonne nuit les petits* aux *Shadoks*, puis celui des grands, par le flash d'information après le film vers 23 heures.

C'est avec l'arrivée des magnétoscopes et des cassettes VHS, tardivement abordables par le grand public en 1985, puis des DVD en 1997-1998 que les films et les séries ont pu être regardés où on veut, quand on veut, et en particulier au lit dans la chambre. Quel plaisir de se coucher, la télécommande sur la couette, pour piloter le visionnage de son film, et même se repasser les scènes les plus plaisantes. On n'y résiste pas, surtout s'il n'y a pas de contraintes le lendemain, le samedi soir, ou tous les soirs pour les personnes les plus âgées. Mais quelle difficulté de contrôler les ados, dès qu'on a accepté innocemment de mettre la vieille télévision dans leur chambre. Avec le début des années 2000, les ados qui passaient au moins une heure trente en famille le soir commencent à passer seuls deux à trois heures en moyenne dans leur chambre à regarder la télé ou écouter de la musique.

Enfin, nous sommes depuis dix ans entrés dans le temps d'Internet sur smartphone jusqu'en pleine nuit. Ce n'est plus vraiment possible d'exercer un contrôle parental sur ce que regardent les enfants sauf à leur couper Internet ou le téléphone… Avec Internet, je suis en lien avec le monde qui n'est pas endormi, je maîtrise mon horloge la nuit. Je découvre des contenus artistiques, politiques, des blagues, des avis tranchés, des groupes d'amis, des sites sulfureux… Mais le jour, apathie, somnolence, addictions, accidents, narcissisme, violence me coupent de ce lien.

Enfin, avec Netflix, je rentre dans une histoire qui me maintient éveillé jusqu'à tard dans mon lit, dans une sorte de rêverie qui n'est pas le sommeil, mais qui me lie à la communauté Netflix avec qui je communique le jour.

Pourquoi peut-on parler de syndrome Netflix dans cet environnement ? « *Sleep is my greatest enemy* », déclarait son dirigeant Reed Hastings. Netflix rencontre un énorme succès et, si j'évoque ce syndrome Netflix, ce n'est pas du tout pour critiquer cette société, ni lui faire endosser une responsabilité. La proposition de séries en ligne qui fait son succès, et qui est aujourd'hui partagée, a correspondu à une période de vulnérabilité et de fragilité sociétale, encore aggravée par la pandémie de covid. Elle correspond aux inquiétudes économiques, d'éco-anxiété, de terrorisme et de repli sur soi, qui ont fait se réfugier dans leurs lits des millions de spectateurs, autrefois plus enclins à sortir et à partager leurs spectacles. J'ai pu le constater par le témoignage de nombreux patients et de proches, non malades mais sévèrement privés de sommeil : Netflix peut devenir addictif pour plusieurs raisons. D'abord par son impact sociétal : Netflix, une entreprise américaine de diffusion en ligne de films et de séries télévisées est présente dans presque deux cents pays et compte plus de 200 millions d'abonnés dans le monde. Puisque chaque abonnement Netflix peut être partagé avec cinq personnes, cela ferait donc chaque soir 1 milliard d'abonnés qui se laissent séduire au lit par une série Netflix.

Via l'application mobile, la facilité technique de télécharger des épisodes sans difficulté technique peut également contribuer à l'addiction à cette plateforme. Netflix permet de choisir une série de rediffusions, mais aussi des créations dans la grande tradition du cinéma avec une mise en scène, un scénario, des acteurs captivants, qui vous transportent dans un monde imaginaire, vous évadent de votre quotidien. Mais le succès de Netflix tient également en une personnalisation de la recommandation de contenus grâce à l'utilisation d'algorithmes de ses utilisateurs, qui lui permet de leur proposer des suggestions de nouveaux films, adaptés à leurs goûts et de les fidéliser ainsi sur une longue durée. Plus l'utilisateur regarde de contenus, plus l'algorithme de recommandation s'affine et lui propose des suggestions qui lui plairont vraiment. En d'autres mots, plus le spectateur regarde Netflix, plus Netflix le connaît et lui donne envie de regarder Netflix. Il a l'impression d'être enfin compris dans ses goûts et se fait une joie de regarder à nouveau pour plonger dans son monde.

Indéniablement, la qualité du film est prenante, les personnages secondaires révèlent un visage inattendu, les péripéties nous prennent de court, l'épisode nous absorbe complètement. Mais c'est également la durée des épisodes qui est bien calculée. Qui peut résister après quarante-cinq minutes de film terminant sur une incertitude, à la vision de la bande-annonce de l'épisode suivant et vous voilà reparti pour quarante-cinq minutes ? Pas moi. Cela me rappelle les doubles pages des BD comme Tintin qui se terminaient toujours par une catastrophe : Milou tombant dans un précipice dans les Andes, ou Tchang attrapé par le migou au Tibet. Quand, à la fin de l'épisode, vous vous dites « c'est fini, je me couche », une petite voix vous répond, « juste le début... ». On regarde d'abord sa montre avec fatalisme : « Alors, juste dix minutes… » et c'est parti pour encore quarante-cinq minutes…

La grande notoriété des contenus de Netflix invite à les partager avec ses proches, ses amis, collègues de travail et vous voilà embarqué dans le monde sans fin des soirées allongé dans votre lit, retardant sans cesse le sommeil. Pour beaucoup, c'est un nouveau rituel de la dette de sommeil.

En conclusion, année après année, de manière peu perceptible, voire invisible, sauf par nos proches, la privation de sommeil nous a transformés : visages inexpressifs, regard fixe, voix embrumée, démarche accélérée… Nous paraissons préoccupés, agités, vulnérables mais aussi insensibles à ceux qui nous entourent. Vissés à nos écrans, nous suivons l'actualité inquiétante du monde et trouvons refuge dans les fictions, allongés dans notre lit ou dans le canapé, toujours plus tard dans la nuit, guettant les messages de nos réseaux sociaux. Il n'est pourtant pas trop tard pour retrouver son rythme et le goût de bonnes nuits de sommeil.

CHAPITRE 3

La nuit menacée

Il m'arrive souvent l'été, en vacances, de lever les yeux après le dîner vers le ciel et la voûte étoilée. C'est magnifique. Je ne suis pas très calé en constellations, mais autour de moi on me remontre Véga, Altaïre, l'étoile du Berger, la Grande Ourse, Orion, la Croix du Sud, Cassiopée. Plongé dans l'espace, le cou un peu tordu à deviner ces lumières qui seraient parfois déjà éteintes depuis des siècles et à capter les signes qu'elles nous donnent sur l'infini de l'univers. Est-ce un satellite ou une étoile filante ? On s'allonge dans l'herbe, sur une couverture, les cigales se sont tues et on se prend à rêver. La nuit n'est plus mystérieuse, hostile, inquiétante, elle est un lien avec l'espace, l'univers, le temps, et se révèle ainsi intime et grandiose.

Par contre, je ne suis pas le seul à ne plus jamais regarder le ciel la nuit à Paris, dans nos rues illuminées par des lampadaires à LED surpuissantes. Il faudrait se mettre la main en pare-soleil pour tenter d'observer les étoiles à travers le halo lumineux des éclairages publics. On y circule la nuit comme en plein jour. Il y a sans doute des préoccupations de sécurité qui expliquent cet éclairage nocturne aussi puissant. Mais il y a aussi une volonté politique grandissante des régions et des pouvoirs publics en France, et aussi dans la plupart des grandes mégapoles mondiales, de valoriser les monuments célèbres ou non, mais aussi les moindres stades ou supermarchés et maintenant des espaces naturels, fleuves, collines boisées, cascades, en les éclairant avec des LED, peu chers et très brillants et ainsi faire disparaître la nuit et la transformer en jour artificiel.

Parfois c'est ravissant, comme découvrir de nuit les ruines d'un vieux château fort en Provence ou les ponts traversant la Seine, comme la passerelle des Arts d'une légèreté poétique menant du Louvre à l'Académie. Mais chacun en ajoute encore un peu et les plus discrets des musées s'illuminent la nuit de manière déraisonnable projetant des expositions éphémères de photos sur leurs grilles et multipliant les soirées d'inauguration festives. Dans quelques années, à ce rythme, on sera passé de la Ville lumière à la ville sans nuit, à Paris et partout en France.

L'écologie précieuse de la nuit, environnement fragile, espace-temps d'une dizaine d'heures permettant au sommeil de s'épanouir, pendant que le jour disparaît, sans bruit et dans la fraîcheur, et facilitant l'activité des espèces nocturnes complémentaires de notre vie diurne, est en effet de plus en plus menacée. Sous l'effet combiné de la pollution lumineuse, du bruit des transports, des activités de service nocturne et du réchauffement climatique, la nuit disparaît peu à peu. Elle est pourtant l'environnement le plus précieux de notre espèce, comme de nombreuses espèces animales et végétales, un manteau rafraîchissant, protecteur, régénérant qui nous permet de nous reconstruire.

Éteignons les lumières

Paris est une fête

Lorsque le think tank Terra Nova nous a chargés avec Dalibor Frioux, Jean-Pierre Giordanella, Thibaut de Saint Pol et moi en 2016 du rapport *Retrouver le sommeil, une affaire publique*, nous avions été surpris de trouver au sein de la mairie de Paris des interlocuteurs qui n'étaient pas du tout en faveur d'un respect de la période nocturne, au contraire. Pour Frédéric Hocquard, conseiller de Paris délégué à la nuit, il était temps de réveiller Paris, une ville qui devient ennuyeuse pour les touristes et même pour les Parisiens, qui la délaissent pour Barcelone ou Berlin. Ouvrir plus de lieux en bord de Seine ou dans les parcs où on pourrait faire la fête (de la musique), tel était et demeure toujours le rêve de l'équipe politique de la Ville lumière qui souhaiterait que chacun puisse aller à la piscine ou dans les musées, les bibliothèques « à l'heure qu'il veut ». Ce nouvel univers hédoniste et narcissique n'envisage pas de manière négative, mais plutôt comme une proposition plus élargie d'emplois, les horaires de travail de nuit imposés à ceux qui vont faire fonctionner ces installations et les transports ouverts la nuit. Quant à ceux qui veulent continuer à vivre le jour, ils sont perturbés dans leur nuit par le trafic, les cris, la musique, dormant avec des boules Quies. S'ils n'aiment pas, ils peuvent toujours déménager…

Pour ceux qui veulent ouvrir de plus en plus la ville aux noctambules, il y a trois périodes dans la nuit : le début de soirée (20 heures-22 heures), un temps de brassage festif (22 heures-2 heures), et un cœur de nuit d'environ trois heures, entre 2 heures et 5 heures, juste après le départ de la plupart des noctambules et juste avant l'arrivée des plus matinaux des travailleurs. L'objectif serait de prolonger indéfiniment la soirée initiale en une grande nuit ou soirée non-stop, d'effacer progressivement la frontière entre jour d'activité et nuit de repos. « Nous avons créé un écosystème favorable à la fête et à la culture », se félicite l'adjoint au maire de Paris dans *Le Journal du Grand Paris* en 2021, affirmant que la ville a retrouvé sa légendaire festivité. Comme l'atteste, à ses yeux, l'ouverture récente des clubs, La gare/Le gore ou le Kilomètre 25 (salle de spectacle située sous le périphérique, d'une jauge de 2 500 places).

Ce n'est pas le fait de faire la fête qui est discutable dans ces propositions et dans cette évolution, mais c'est d'établir une séparation, une frontière entre ceux qui veulent faire la fête et ceux qui veulent se reposer, dormir. Il est bien sûr normal et sympathique que les Parisiens et les touristes trouvent des lieux pour se distraire tard dans la nuit quand ils le souhaitent, mais en respectant l'espace-temps et l'univers silencieux et obscur de la nuit.

L'inexorable croissance du halo de la pollution lumineuse

On parle en effet depuis plusieurs décennies de pollution lumineuse alors qu'il y a cent ans, le rare éclairage des villes était un luxe et un outil précieux de confort et de sécurité : que s'est-il passé ? L'éclairage nocturne des tours de bureaux et des vitrines est devenu tellement non contrôlé qu'il faut faire de nouvelles lois pour rappeler à leurs propriétaires l'obligation d'éteindre, une gestion sobre qui de plus protège la planète en diminuant la consommation énergétique. Éclairer la tour Eiffel jusqu'à minuit ça se défend, mais quelle utilité d'éclairer la tour Montparnasse déjà bien suffisamment présente dans la journée ? Et *quid* des tours de la Défense et des panneaux publicitaires à LED gigantesques qui continuent à alterner leurs pubs de téléphones ou de parfums dans nos rues toutes les nuits sans interruption ?

Il vous est sans doute arrivé de survoler Paris ou une grande ville de nuit. Je suis de mon côté toujours fasciné et me colle au hublot pour tenter de prendre des photos ou de reconnaître tel ou tel monument emblématique : la tour Eiffel, les Champs-Élysées à Paris, Manhattan, le Chrysler Building à New York, la Tokyo Skytree Tour, les temples d'Asakuka à Tokyo, la Cité interdite à Pékin… Au-dessus de ces villes une bulle étincelante de lumière les fait ressembler à ces boules à neige qu'on retrouvait autrefois dans les boutiques touristiques des centres-villes. La nuit n'existe plus et la faune s'en est allée : oiseaux et insectes de nuit sont partis ailleurs. Seuls les rongeurs, rats et souris, se sont adaptés à ce nouveau rythme. Et ne sont plus effrayés par la lumière électrique.

Certaines mégapoles sont assez spectaculaires, Los Angeles, comme un cinéma en plein air, s'étend ainsi sur des kilomètres de guirlandes électriques et de piscines éclairées le long du Pacifique jusqu'au désert au-delà des collines pelées d'Hollywood. Le flux ininterrompu de la circulation le long de la mer sur Pacific Avenue, de Malibu à Laguna Beach est fascinant. Shanghai, comme un gigantesque décor de théâtre illuminant le ciel de feux multicolores, en provenance du Bund ou de Pudong, surplombée par une tour de 600 mètres. La lumière s'invite aussi dans l'eau avec

Zhujiajiao, ancienne ville d'eau typique du sud du Yangtsé et l'une des quatre villes historiques et culturelles les plus importantes de Shanghai. Longtemps connue sous le nom de Shanghai Venise et de Shanghai banlieue Hollywood, elle s'illumine le soir de milliers de lanternes rouges sur la rivière.

Mais dans beaucoup de plus petites villes, sous l'effet des politiques publiques de sécurité, mais aussi de valorisation du patrimoine et avec l'apparition de l'éclairage à bas coût, les centres-villes sont en train de se transformer en villes musées. La nuit, les monuments du centre-ville et les ensembles sportifs, entourés de parkings géants, sont éclairés soit de manière permanente, soit de manière événementielle, par des LED de couleurs changeantes. Le bleu et le blanc ont la préférence de la plupart des municipalités, alors que l'éclairage en bleu soutenu est particulièrement puissant pour décaler l'horloge biologique. Même les jardins publics, derniers refuges de la biosphère en ville, font l'objet d'expositions lumineuses faisant fuir les oiseaux, les insectes et les rongeurs.

C'est ainsi le cas du jardin du Luxembourg à Paris, presque constamment éclairé par des expositions thématiques, pourtant écologiques avec des photographies de nature, qui s'accrochent aux grilles et éclairent indirectement le jardin la nuit, alors que très peu de passants s'attardent devant les photos à ces heures tardives. C'est encore plus regrettable au Jardin des plantes, dernière réserve de biosphère à Paris, sous la responsabilité du Muséum d'histoire naturelle, pourtant tout à fait concerné par le sujet de la nuit, auquel il a consacré une exposition passionnante. Ce jardin organise la cinquième édition de son festival « En voie d'illumination » et, après avoir mis à l'honneur les espèces en voie d'extinction

(2018), les océans (2019), l'évolution de la vie (2021) et la faune minuscule (2022), le musée propose un nouveau voyage autour du globe à la découverte de l'extraordinaire biodiversité des forêts tropicales humides, alliant féerie, histoire naturelle et sensibilisation à la protection de ce patrimoine unique en éclairant le jardin de lumières LED éblouissantes.

Hier soir encore je descends le boulevard Saint-Germain, jusqu'à la veille encore éclairé par de beaux réverbères orange, sans doute les mêmes qui éclairaient les virées d'Hemingway et de Picasso au Flore ou aux Deux Magots, donnant une couleur « Paris est une fête » à Saint-Germain-des-Prés, je constate qu'ils viennent d'être remplacés dans la nuit par des tablettes de LED blanches, de type aéroport, sans doute moins coûteuses, mais les plus perturbantes pour les dormeurs des appartements du quartier, à qui elles envoient leur éclairage froid traversant leurs fenêtres. Des LED de couleur jaune auraient sans doute permis de concilier luminosité, gain d'énergie et respect des dormeurs.

À chaque nouvelle occasion, on a comme l'impression de se retrouver sur la planète de l'allumeur de réverbères du *Petit Prince* de Saint-Exupéry. Avant, il allumait et éteignait son réverbère une fois par jour, mais maintenant la planète tourne tellement plus vite, il le fait toutes les minutes.

Lumière et physiologie

La lumière : le régulateur central de l'horloge biologique

La totalité des espèces animales et l'humain possèdent une horloge biologique. Située au cœur du cerveau, au niveau du noyau suprachiasmatique de l'hypothalamus, l'horloge est une structure qui rythme toutes les activités psychiques et physiques en fonction du moment. Le jour, l'horloge active la vigilance, la mémoire, les constantes cardio-vasculaires, la température de façon à optimiser la vivacité naturelle et l'éveil. La nuit, à l'inverse, elle influence et veille à tout ce qui favorise le sommeil.

Chez l'être humain, le cycle de l'horloge biologique est presque de vingt-quatre heures. Presque, mais pas tout à fait ! Chez les uns, le cycle va au-delà de cette valeur et peut aller jusqu'à vingt-quatre heures trente : ce sont les couche-tard qui ont tendance à se décaler. Chez les autres, le cycle est au contraire un peu moins long que vingt-quatre heures. Ce sont les couche-tôt-lève-tôt… Sans ajustement, ce petit décalage naturel s'aggraverait de jour en jour. La lumière est un puissant synchronisateur qui rectifie jour après jour ce petit écart. « La lumière remet à l'heure l'horloge biologique. » La lumière agit *via* l'œil qui ne sert pas seulement à voir. Certaines cellules de la rétine, les cellules ganglionnaires à mélanopsine, ont des fonctions non visuelles qui leur permettent d'influencer l'horloge biologique sous l'effet des rayons lumineux.

La lumière au bon moment

Encore faut-il que cette lumière apparaisse au bon moment et à la bonne intensité pour jouer son rôle bénéfique. Appliquée à un mauvais moment, la lumière peut, à l'inverse, avoir des conséquences négatives sur l'horloge et sur le sommeil.

LE JOUR...

La lumière est essentielle. Elle éveille, synchronise l'horloge biologique et pose les bases d'une bonne nuit. La qualité du sommeil se construit dans la journée grâce à une exposition suffisante, en temps et en intensité, à la lumière. Lorsqu'arrivent les belles journées de printemps à la lumière intense, le sommeil devient souvent aussi plus profond, plus récupérateur. Tandis qu'à la suite des journées sombres de l'hiver, le sommeil est souvent agité, plus fragile.

LE SOIR...

La lumière retarde l'endormissement. Une exposition lumineuse très tard le soir décale l'horloge biologique. La sécrétion de mélatonine, l'hormone du sommeil dans le cerveau, est repoussée. Les capacités cognitives et psychomotrices d'éveil sont stimulées et cette excitation retarde l'endormissement. C'est pour cela qu'on n'a pas envie de dormir les belles soirées d'été après avoir dîné dehors. En conséquence : le jour suivant, on se réveille en retard et on se rendort plus difficilement le soir d'après. Ce qu'on appelle alors le jet-lag social peut induire un vrai cercle vicieux et des troubles du sommeil à long terme si l'on réitère l'exposition tardive à la lumière le lendemain soir, en lisant, en sortant le soir ou en traînant devant l'écran de son ordinateur… Ce sont surtout les écrans ou le suréclairage par des lumières blanches et intenses à la maison qui peuvent retarder l'horloge biologique et, en corollaire, le sommeil.

LA NUIT…

Dormir avec une lumière allumée, même faible, peut avoir des conséquences délétères sur le sommeil entraînant des difficultés d'endormissement, des éveils et une fragmentation du sommeil avec des conséquences le lendemain : fatigue et somnolence.

Des altérations du sommeil

Il y a quelques années, une enquête de l'Institut national du sommeil et de la vigilance (INSV), réalisée sur un échantillon de 1 000 Français représentatifs de la population générale, montrait déjà que la lumière extérieure de l'éclairage public gênait 42 % des Français pour s'endormir. À Paris, plus d'un habitant sur deux n'a pas besoin d'éclairer sa chambre lorsqu'il se déplace de nuit, car la lumière extérieure éclaire parfaitement le logement. Seuls 20 % d'entre eux trouvent le sommeil sans souci malgré l'éclairage. Dans le courant de la nuit, elle continue de jouer une influence perturbatrice : plus de 40 % pensent qu'elle est susceptible de les réveiller.

La lumière passe en effet à travers les paupières, même lorsque les yeux sont fermés, et l'intensité plus ou moins forte de l'éclairage extérieur laisse une impression sur la rétine. Les écrans allumés dans la chambre (ordinateur, téléphone ou télévision) peuvent avoir un effet néfaste sur la qualité de sommeil. Par évolution comportementale, nombreux sont les utilisateurs des smartphones qui placent l'écran de plus en plus près de leurs yeux. Cette habitude le soir et la nuit crée une surillumination modifiant particulièrement la sécrétion de mélatonine en décalant l'horloge. La passion des jeux vidéo rive quelquefois certains adolescents des nuits entières à leur ordinateur entraînant un décalage et une fragmentation de leur sommeil. Il faut souligner que l'impact est plus notable encore dès lors que la lumière est discontinue et qu'elle apparaît par flashs répétés.

L'influence de la lumière sur le sommeil ne date pas des smartphones. On sait en effet depuis longtemps que bien des personnes au sommeil fragile sont sensibles à la pleine lune. Quelques études épidémiologiques interrogeant les mêmes personnes sur leur sommeil à différentes périodes de l'année ont permis de vérifier ce lien entre pleine lune et mauvais sommeil. S'agissait-il d'une influence cosmique de cet astre ? Une étude réalisée en laboratoire a infirmé cette hypothèse et montré que c'est bien la lumière souvent intense de la pleine lune qui fragilise la qualité du sommeil.

Les conséquences de la pollution lumineuse chez l'homme

Les effets sanitaires de la pollution lumineuse chez l'homme ne sont pas bien connus, il n'y a pas encore eu de vaste enquête épidémiologique permettant de mesurer le lien entre éclairage nocturne persistant et santé. De plus, les zones de pollutions lumineuses sont aussi touchées par d'autres nuisances susceptibles d'altérer le sommeil : bruit, réchauffement climatique, mauvaises conditions de logement, proportion plus élevée de travailleurs de nuit.

Sous l'effet d'un éclairage nocturne plus intense, le sommeil apparaît moins continu, fractionné par des éveils, avec de nombreux changements de stades, de plus courte durée, plus léger et sensible aux événements extérieurs. Il est probable que, comme pour les travailleurs de nuit ou les personnes souffrant d'apnées du sommeil, ce sommeil fragmenté soit associé avec un surrisque de maladies métaboliques ou cardio-vasculaires.

Passionné par cet enjeu, comme président de l'INSV, j'ai découvert l'action militante et décisive de l'Association nationale pour la protection du ciel et de l'environnement nocturnes (ANPCEN), présidée par Anne-Marie Ducroux. Depuis près de vingt ans, cette association travaille sur la qualité de la nuit dans une approche globale des enjeux de la lumière : biodiversité et paysages, énergie et climat, sommeil et santé, sécurité, écoconception et déchets, dépenses publiques, observation astronomique, etc.

Présente dans beaucoup de régions, l'association mène plusieurs actions locales et nationales : appuis scientifique et technique, pédagogie, conférences, stands, animations… Elle labellise des communes susceptibles de réduire ou d'éteindre leur éclairage nocturne pour respecter la nuit à l'occasion en particulier de l'événement « La nuit des étoiles ». Pendant cette « nuit des étoiles », les communes partenaires et leurs habitants sont invités à couper toute lumière électrique et à contempler la voûte étoilée dans une ambiance pédagogique et festive. Plusieurs centaines de communes françaises y adhèrent maintenant chaque année. C'est un grand succès.

Comme spécialistes du sommeil, nous nous associons à cette démarche qui permet, par l'éducation, la compréhension des enjeux, le respect de la nature et de la planète, le respect de la période de nuit et de sommeil indispensable à notre équilibre vital.

Curieusement pourtant, la sensibilisation à la pollution lumineuse reste encore faible et elle est loin d'être un sujet favori des élus des grandes villes. Dans une enquête réalisée par l'ANPCEN en septembre 2022, sept Français sur dix répondent être insuffisamment informés de ces enjeux. L'extinction obligatoire de 1 à 6 heures du matin des éclairages privés extérieurs – vitrines, bureaux non occupés, écrans lumineux publicitaires, équipements sportifs non utilisés – est loin d'être appliquée, malgré la loi, alors que l'association souhaite étendre la période d'extinction de 22 heures à 6 heures.

Comme beaucoup de citadins, j'apprécie que la tour Eiffel et l'Opéra Bastille soient éclairés jusqu'à minuit, mais je regrette que de plus en plus d'agences immobilières éclairent violemment des petites rues commerçantes toute la nuit pour afficher des offres qui ne seront jamais lues par les passants noctambules. Je ne pense pas non plus que les panneaux d'affichage à LED plantés sur les trottoirs dans nombre de villes françaises soient un progrès en termes d'environnement.

De plus en plus de villages et de petites villes ont compris que les paysages nocturnes non éclairés par la lumière artificielle sont aussi beaux et permettent à la nature de faire une trêve et de reprendre ses droits. Ils mettent en place un éclairage qui se déclenche au passage des voitures ou des piétons permettant la sécurité sans débauche lumineuse.

Le bruit : on ne s'y habitue pas

Né à Paris et non à la campagne, on pourrait penser que j'aurais fini par m'y habituer et que je ne serais pas perturbé par le passage à 3 heures du matin dans ma petite rue tranquille d'un scooter mal réglé, d'une moto au contraire spécialement réglée pour pétarader, ou de la sirène d'une voiture de police apparemment urgente au milieu d'une circulation vide, passant sur le boulevard voisin, ou encore par le ramassage matinal des poubelles. Mais non, en effet, on ne s'habitue pas au bruit, sauf s'il a un sens apaisant : le bruit d'une source, des vagues, de la respiration d'un enfant…

Un dormeur exposé chaque nuit à un bruit important, survenant au même créneau horaire, peut heureusement ne plus le percevoir consciemment au bout de quelques mois ou années d'exposition. Mais son corps et son cerveau continuent en revanche de le détecter et provoquent, au moment du bruit, une réaction de défense. Le bruit est accompagné d'une augmentation de la fréquence cardiaque, de la tension artérielle, parfois même de la fréquence respiratoire et la transpiration, et d'un « microréveil » cérébral, trop court pour être mémorisé, mais dont la répétition peut fractionner sévèrement le sommeil du dormeur exposé.

Certaines mégapoles sont devenues des caricatures des cités broyées par le bruit nocturne, telles New York ou Barcelone. Lorsque l'agitation diurne s'arrête, les moyens de transport, les bars ou les services de sécurité de police et de pompiers n'adaptent pas leurs niveaux sonores à la baisse générale de l'activité. Le gémissement répété de sirènes de pompiers ou les battements des basses des bars de nuit, rendent tout repos serein impossible, sauf à fermer ses fenêtres à double ou triple vitrages, ou à s'équiper des casques antibruit, dont la plupart des habitants sont maintenant dotés.

Lors d'une nuit passée au San Régis, l'un des hôtels les plus chics de Manhattan, je me réjouissais d'avance en cette nuit de juin de la vue de ma chambre sur Central Park. J'ai malheureusement dû subir, fenêtres calfeutrées, sans bouchons d'oreille, les vagues successives des camions de pompiers revenant toutes sirènes allumées de leurs tournées nocturnes. « *New York, New York, this is the city that never sleep* », chantait Frank Sinatra dans le taxi me ramenant à JFK.

Ces nuisances sonores sont à l'échelon mondial un fléau pour l'environnement nocturne, pour le sommeil et l'écosphère qui l'entoure. Il est clair que la plupart des pollueurs sonores utilisent le bruit pour accéder à une priorité sur la voie publique : police, SAMU, ambulances, pompiers, motos, mais elles refusent d'évoquer une modulation possible de leurs alarmes en fonction du jour et de la nuit. Pour les écologistes, c'est un thème vraiment balbutiant, avec peu de spécialistes. Au cours de ces dernières années pourtant, le débat a commencé autour de sujets très clivants comme le bruit des avions et des transports publics en général. Plus récemment, celui des voies rapides et celui récréatif dans les grandes villes ne sont plus non plus considérés comme des sujets tabous entre riverains et pouvoirs publics. Depuis quelques années, je suis associé à ces débats, car le sommeil y est un enjeu crucial et suscite de graves controverses de citadins épuisés.

Le bruit des avions : un dialogue sociétal très tendu

Le bruit des avions touche la vie quotidienne de milliers de riverains des aéroports partout dans le monde et bien sûr en France, particulièrement en Île-de-France. Selon BruitParif, l'organisme régional de prévention du bruit, près de 500 000 personnes, soit 5 % de la population de la région francilienne, sont exposées à des niveaux de bruit dépassant la valeur limite réglementaire de 55 décibels.

Elles résident principalement à proximité de l'aéroport Roissy-Charles-de-Gaulle mais aussi à proximité d'Orly, malgré le couvre-feu institué depuis plus de dix ans sur cet aéroport. En effet, à Orly de nombreux survols sont encore autorisés entre 23 heures et le début du couvre-feu à 23 h 30. En France, près de 1 million de personnes sont concernées : c'est impressionnant.

Lorsqu'on évoque cette question, beaucoup ont en tête la bande d'amis du film *Nous irons tous au paradis* dont Jean Rochefort, Claude Brasseur et Guy Bedos, qui achètent une superbe maison dans la région parisienne un dimanche et ont l'impression de faire une très bonne affaire. Mais le lundi matin, ils s'aperçoivent qu'ils sont en bout de piste d'un aéroport francilien survolé par des dizaines d'avions…

La discussion autour du bruit des avions à partir des aéroports est un débat sociétal très tendu, comme je l'ai appris pendant six ans, comme membre expert nommé par le ministre de la Santé à l'ACNUSA : la haute autorité de contrôle des nuisances aéroportuaires chargée d'établir le dialogue entre plateformes aéroportuaires, État et riverains.

DU CÔTÉ DES AÉROPORTS

On vend d'abord du rêve. Prendre un avion pour les voyageurs, et en particulier pour les vols transcontinentaux, c'est quitter son sol, ses habitudes et s'envoler dans le ciel pour rejoindre en quelques heures un pays lointain, grâce à avec une haute technologie de pointe. C'est Leonardo DiCaprio, le stewart mythomane du film *Attrape-moi si tu peux* ou l'épopée d'Air France avec les caravelles et les belles affiches sur les escales exotiques : Los Angeles, Tokyo, Dakar, Bombay, Ventiane… C'est la liberté du voyage, de l'évasion, de la connaissance des autres.

Les aéroports sont aussi des prouesses technologiques, permettant de grandes réalisations commerciales. Roissy représentait par exemple en 2022 : 1 847 660 tonnes de fret avionné et les Aéroports de Paris ont accueilli 87 millions de passagers la même année. Il y a presque un décollage par minute lors des heures d'ouverture de Roissy. C'est dire l'activité économique considérable qui en découle non seulement au niveau des plateformes elles-mêmes, mais *via* les transports TGV, RER, camions, voitures jusque dans toute l'Europe. Le tourisme, le transport des marchandises à haute valeur ajoutée, les voyages d'affaires et les négociations internationales politiques et commerciales sont au cœur de cette activité.

Les aéroports, c'est ensuite une passion partagée par les pilotes, les compagnies, les avionneurs autour de ces grands avions qui les rassemblent. Les aventures parallèles d'Airbus et de Boeing et des compagnies sophistiquées et anciennes qui les équipent : Rolls Royce pour les moteurs, Latécoère, Dassault aviation, Thales, Safran ont fait l'histoire du monde industriel et les nouveaux modèles sont admirés, bichonnés par les compagnies, enviés par les pays du monde entier, rassemblés dans une superbe parade tous les ans au salon du Bourget. Je me rappelle dans ce contexte l'arrivée de l'Airbus A380, ce gigantesque et spacieux paquebot des airs, pouvant nous transporter sans escale et silencieusement (à l'intérieur) au Japon ou sur la côte ouest des États-Unis. C'est pourquoi il est aussi impossible de faire comprendre à un pilote qu'il fait du bruit avec son avion qu'à un motard faisant tourner sa splendide Harley sur les Champs-Élysées.

De plus, non sans raison parfois, les acteurs économiques des aéroports assimilent toute critique sur le bruit à une critique de leur activité, avec risque de vulnérabilité de leur secteur économique, dans un contexte international très concurrentiel. La plupart des pays n'ont pas de réglementation claire sur le bruit des avions. À San Diego, une des baies les plus spectaculaires de la côte ouest américaine, à la frontière du Mexique, la présence de la Navy avec une dizaine de porte-avions explique le ballet incessant des hélicoptères et de multiples avions de ligne survolant la ville, où ils ne semblent gêner personne. Touristes, surfeurs et citadins déjeunent dehors, se baignent ou lézardent sur la plage et semblent ne pas s'en rendre compte. Certaines cultures sont certainement aussi plus tolérantes au bruit que la nôtre.

DU CÔTÉ DES RIVERAINS D'AÉROPORTS

La plupart n'ont pas le fait le choix de s'y installer mais y résident pour des raisons économiques ou pratiques en lien avec leur métier. Travaillant souvent dans l'activité aéroportuaire ou les compagnies d'aviation, leur priorité est de limiter le temps de transport pour être à proximité de leur lieu de travail. Les logements qui ont été construits dans ces zones sont souvent récents et plus accessibles que ceux des centres-villes ou banlieues résidentielles. Certains nouveaux arrivants pensent au départ que c'est une nuisance gérable et qu'il suffit de fermer leurs fenêtres pour ne pas entendre les avions. Mais un samedi de printemps, prenant le soleil sur leur balcon, ils sont vite obligés de se replier à l'intérieur…

De plus, les riverains accumulent souvent les nuisances environnementales : la pollution sonore et environnementale ne provenant pas uniquement des avions mais des activités économiques afférentes. L'aménagement du territoire, notamment en matière de services publics et d'éducation nationale, n'a aussi pas toujours suivi.

À certaines périodes maintenant révolues, les plateformes ont donné des créneaux à des compagnies *low cost* de charters aux nombreuses défaillances techniques. Certaines compagnies aux retards endémiques répétaient les vols de nuit à basse altitude au-dessus des zones habitées. Plusieurs décennies après l'installation triomphante de Roissy-Charles-de-Gaulle-1, le projet d'une nouvelle piste et des splendides aérogares de Roissy-2, le dialogue avec les riverains a été durablement rompu. Ces derniers n'ayant alors pas d'autre choix que de déménager ou de vivre leurs journées et leurs nuits assommées par la basse altitude et la fréquence des survols. Les autorités aériennes, inquiètes de toute critique et mal sensibilisées à l'enjeu d'inclusion humaine de l'aéroport, craignaient que tout changement de leur activité n'entraîne un affaiblissement économique des plateformes.

Ce débat est loin d'être une question uniquement francilienne ou française. De nombreux aéroports à l'étranger se trouvent en centre-ville : à Shanghai on est survolé chaque minute par les avions venant ou arrivant à Pudong. À New York, les avions et les hélicoptères passent au-dessus de Manhattan dans un défilé incessant, malgré les attentats tragiques du 11 septembre 2001. À Bangkok, à Mexico, les aéroports sont aussi en centre-ville avec un mélange de pollution aérienne et de nuisances sonores. Par rapport au bruit des avions, celui des hélicoptères et nettement plus gênant et difficile à maîtriser, l'engin vous survolant à basse altitude et étant susceptible d'atterrir en pleine ville. Pour des questions de sécurité, plus que de pollution sonore, ces vols ont été très limités en France et réservés à certains centres hospitaliers recevant des urgences ou à des utilisations militaires ou de protection civile.

Un dialogue sur la durée s'est pourtant établi entre aéroports et riverains depuis des années car la question est cruciale. Et à côté du bruit des avions pendant la journée, le débat s'est concentré sur les nuisances nocturnes et ce qui a été appelé « le cœur de nuit » pour tenter de sanctuariser une période de silence pour le sommeil des riverains.

L'AUTORITÉ DE CONTRÔLE DES NUISANCES AÉROPORTUAIRES (ACNUSA)

Fondée en 1989, l'ACNUSA est une haute autorité de l'État chargée de contrôler l'ensemble des dispositifs de lutte contre les nuisances générées par le transport aérien et le secteur aéroportuaire. Elle peut émettre des recommandations sur toute question relative aux nuisances environnementales sur et autour des aéroports. Elle doit également satisfaire à un devoir d'information et de transparence notamment vis-à-vis des riverains. Outre ses compétences sur l'ensemble des aéroports civils, elle dispose de pouvoirs spécifiques sur douze principales plateformes et quatre aérodromes, et d'un pouvoir de sanction à l'encontre des compagnies aériennes.

Composée de douze membres renouvelables par moitié, l'ACNUSA accueille des spécialistes aéronautiques, un préfet, un ingénieur acousticien, des élus maires ou députés de villes concernées, un responsable de l'aviation civile et un médecin nommé par le ministère de la Santé. J'ai été membre à ce titre de 1992 à 1998 et me suis rendu compte combien une interface à la fois bienveillante et technique, avec le soutien de professionnels acousticiens et administratifs de grande qualité, pouvait contribuer à apaiser un climat de tensions fortes entre riverains et plateformes aéroportuaires. Prenons quelques exemples.

L'ACNUSA et Aéroports de Paris (ADP) mettent à disposition du grand public un site[1] permettant d'identifier (avec un léger décalage pour des raisons de sécurité) tous les avions survolant la région avec informations sur le vol, sa destination, l'heure du survol. Ce site permet également de mesurer l'altitude de survol et d'identifier les bruits de survol placés dans la zone aéroportuaire. Ainsi, lorsqu'ils constatent un vol particulièrement perturbant le soir ou pendant la nuit, les riverains peuvent identifier l'avion en question et porter plainte sur un événement simple à identifier, ce qui facilite vraiment la prévention.

L'ACNUSA est l'interlocuteur de l'État pour refuser ou accepter, dans certaines conditions, la construction de bâtiments ou d'habitations dans les zones cartographiées du bruit considérées comme trop exposées autour des aéroports. En théorie,

1. https://vitrail.entrevoisins.org/vitrail/.

aucune construction d'habitation nouvelle n'y est possible. Les installations les plus anciennes se voient proposer des travaux d'isolation phonique. Certains équipements collectifs peuvent y être développés, y compris écoles et crèches, sous réserve d'une insonorisation renforcée. Cependant le débat politique est souvent intense entre les maires des communes qui avoisinent les aéroports et les autorités de l'État. Les maires se faisant d'un côté le soutien de leurs habitants se plaignant du bruit et de l'autre protestent auprès des préfectures d'être limités dans leurs constructions, y compris dans les zones non constructives, en expliquant que cela nuit à l'attractivité de leur commune. Certains sont parfois pris au piège de ce double jeu qui est mis en exergue par la presse locale.

L'ACNUSA est aussi le gendarme du respect des créneaux aériens, vérifiant systématiquement les retards des vols par rapport aux horaires autorisés, en particulier la nuit. Elle exerce à l'origine une sorte de contrôle technique sur le bruit de chaque aéronef des grandes compagnies, dont le profil acoustique dépend du modèle et de son année de construction. Ainsi, un vol transatlantique arrivant avec quarante-cinq minutes de retard, y compris d'une compagnie réputée, peut recevoir une amende de plusieurs milliers d'euros. Un vieux charter en provenance d'Asie, arrivant la nuit avec quatre heures de retard, susceptible de réveiller plusieurs milliers de riverains lors de son atterrissage, peut être condamné à payer plusieurs dizaines de milliers d'euros. Le risque ultime pour ces compagnies est de se voir supprimer leur créneau horaire, c'est-à-dire de ne plus pouvoir atterrir régulièrement à Roissy, ce qui vaut de l'or en terme commercial dans un domaine très concurrentiel.

Comme membre de l'ACNUSA, j'ai aussi eu plusieurs fois à convaincre pour maintenir le couvre-feu instauré en 1968 autour d'Orly, l'une des parties les plus construites de la région parisienne. La loi interdit tout décollage à Paris-Orly entre 23 h 15 et 6 heures et tout atterrissage entre 23 h 30 et 6 h 15. Objectif : respecter le sommeil des riverains de ce site particulièrement enclavé dans la ville et dont la présence proche de Charles-de-Gaulle permet d'assurer la sécurité.

Pourtant chaque mois, et en particulier les beaux jours, des avions enfreignaient ce couvre-feu avec le soutien parfois explicite des tours de contrôle, dans un contexte souvent difficile à démêler, de respect de sécurité aérienne et de perturbations météorologiques. Les associations de riverains sont pourtant excédées par ces dérives et, lorsqu'un avion se présente à minuit au-dessus d'Orly un soir d'été, il peut être accueilli fraîchement par des parents dont les enfants sont à nouveau réveillés en pleine nuit par un seul avion voyou.

Plus techniques et très productives sont les discussions entre l'ACNUSA, les constructeurs et les pilotes pour tenter de diminuer au maximum le bruit des avions au décollage ou à l'atterrissage. Des prouesses ont été réalisées pendant les années ou j'étais présent, et depuis, bien sûr, pour travailler sur les matériaux, les trajectoires, les paliers progressifs d'approche, le contournement des zones les plus peuplées. La conscience des nuisances sonores a grandi considérablement auprès des professionnels aéronautiques passant en quelques années d'un conflit vis-à-vis « d'empêcheurs de tourner en rond », à la recherche technologique permettant de limiter au maximum ces nuisances dans l'intérêt même de la réputation de la technologie aérienne. Le travail est passionnant et le gain en termes de réduction sonore considérable grâce à la collaboration de tous ces professionnels.

Même son de cloche côté pilotes où les Tom Cruise à la *Top Gun* survolant la tour de contrôle pour signaler leur retour ont appris à limiter leurs impulsions et accepté les outils sophistiqués de descente par paliers, beaucoup moins bruyants pour les riverains et plus agréables pour les passagers.

LE RISQUE SANITAIRE DES NUISANCES SONORES AÉRIENNES

Si la plupart des experts s'accordent à reconnaître la gêne liée aux nuisances sonores, peu se rendent vraiment compte du risque sanitaire de l'exposition à ces nuisances répétées. Longtemps, le ministère de la Santé a considéré que le seul risque sanitaire lié au bruit était celui de surdité des jeunes exposés aux baffles des boîtes de nuit ou des concerts. Le ministère du Travail avait proposé et obtenu la réparation des surdités professionnelles des ouvriers utilisant des marteaux-piqueurs en maladie professionnelle indemnisable. Mais le risque du bruit environnemental est encore très peu connu par les autorités de santé malgré l'instauration d'une mission « Bruit » interministérielle sous la responsabilité du ministère de l'Environnement.

Et pourtant, en écoutant depuis des années la fatigue des riverains, leur incapacité à récupérer, y compris les week-ends, les signes d'anxiété, de dépression parfois, de découragement, d'impuissance, nous avons voulu en savoir plus pour prévenir et informer du risque, en particulier les plus vulnérables.

LES RECOMMANDATIONS DE L'OMS

Ce n'est que récemment, en 2018, que l'Organisation mondiale de la santé (OMS) en Europe a souhaité émettre des recommandations sur la prévention des effets sanitaires du bruit des avions. L'OMS souhaitait au départ limiter à 45 décibels, au niveau d'un dormeur, le bruit provenant d'un avion. Mais avec un groupe d'experts scientifiques et médicaux venus d'Europe nous avons convenu que ce n'était pas un bruit unique à 45 décibels, mais la répétition des émergences de bruit, et spécialement la nuit, qui était susceptible de provoquer un effet chronique sur la santé des riverains.

En reprenant l'exemple du syndrome d'apnées du sommeil défini par l'occurrence au moins dix fois par heure d'un arrêt respiratoire « apnée » avec en conséquence des micro-éveils et une réactivité cardio-vasculaire, nous avons proposé de reprendre ce seuil de dix événements par heure comme potentiellement dangereux pour la santé.

Pour résumer : lorsqu'un dormeur est exposé, pendant son sommeil, à au moins dix bruits supérieurs à 42 décibels par heure, il est exposé à des risques d'insomnie et de maladies cardio-vasculaires. En effet, chaque bruit significatif s'accompagne d'un micro-éveil et la répétition des bruits tout au long de la nuit diminue significativement la stabilité du sommeil, synonyme de qualité et de récupération. Mais le nouveau bruit provoque aussi une augmentation de la fréquence cardiaque et de la tension artérielle qui sont habituellement plus basses au cours du sommeil. Fatigue, anxiété, dépression résultent souvent de ces mauvaises nuits répétées.

L'INITIATIVE DÉBATS

Mais les effets sanitaires du bruit des avions ont longtemps été contestés par le milieu aéronautique sur une simple logique économique et politique. Éviter d'avoir à verser des indemnisations, éviter de limiter le survol des régions aéroportuaires, éviter de ralentir le développement du trafic aérien. Ne dialoguant que par leurs avocats, à l'exemple américain, ce lobby n'hésitait pas y compris publiquement à contester toute position qui pouvait retentir sur leurs entreprises. Lorsque des associations de riverains évoquaient le sujet au début des années 2000, elles se faisaient répliquer par les professionnels que c'était le bruit de leurs voitures ou de leurs téléviseurs qui les dérangeaient, et que la solution était de fermer leur fenêtre pour ne plus entendre le bruit des avions. Le ton montait, ainsi que le danger de blocage du dialogue, et des risques de tension dans les aéroports comme on en a connu avec les syndicats de pilotes, de contrôleurs aériens ou des personnels navigants, prêts à bloquer le trafic pour obtenir considération.

Devant cette incompréhension, l'ACNUSA et la Direction générale de la santé (DGS), soutenus par l'Institut national du sommeil et de la vigilance (INSV) ont mis au point une longue étude prospective sur dix ans appelée DÉBATS (Discussion sur les effets du bruit des aéronefs touchant la santé). L'objectif de DÉBATS est d'évaluer les effets du bruit des avions chez les riverains des aéroports de Roissy-Charles-de-Gaulle, Lyon-Saint-Exupéry et Toulouse-Blagnac de 2013 à 2023, menée sur le terrain par l'université Gustave-Eiffel, avec l'implication pendant toutes ces années d'Anne-Sophie Evrard et Bernard Laumon, BruitParif avec Fanny Mietlicki et la collaboration du centre du sommeil et de la vigilance de l'Hôtel-Dieu, AP-HP et l'université Paris Cité VIFASOM. Cette étude comprend trois approches complémentaires.

• Une étude écologique qui vise à mettre en relation des indicateurs de santé agrégés à l'échelle de la commune (consommation de médicaments remboursés, nombre de consultations, ventes de médicaments, hospitalisations, nombre de jours d'arrêt de travail, mortalité...) avec le niveau moyen pondéré d'exposition au bruit des avions des communes concernées.

• Une étude individuelle longitudinale qui porte sur plus de 1 000 riverains suivis pendant au moins quatre ans avec des mesures répétées de leur état de santé (information recueillie par des enquêteurs par questionnaire et mesures de tension artérielle, de fréquence cardiaque et de cortisol salivaire) et de leur exposition au bruit des avions.

• Une étude individuelle sommeil complémentaire auprès d'un sous-échantillon d'une centaine de riverains de l'aéroport Roissy-Charles-de-Gaulle et de Toulouse-Blagnac ayant accepté de participer à l'étude longitudinale pendant dix ans, afin de caractériser de manière détaillée et spécifique les effets aigus et chroniques du bruit des avions sur la qualité du sommeil tout en affinant la mesure de l'exposition au bruit.

Ces études démontrent tout à fait clairement l'augmentation de ce risque chez les populations survolées. L'étude écologique confirmant les résultats d'autres études qui suggèrent qu'une augmentation de l'exposition au bruit des avions est associée à une mortalité plus élevée par maladie cardio-vasculaire. Il est cependant imprudent d'extrapoler ces résultats au niveau individuel. Les deux études individualisées longitudinale et clinique « sommeil » confirment les résultats d'études antérieures réalisées à l'étranger, montrant les effets délétères de l'exposition au bruit nocturne des avions sur l'état de santé perçu, la santé psychologique, la gêne, la quantité et la qualité du sommeil et les systèmes endocrinien et cardio-vasculaire.

EN FRANCE ET À L'INTERNATIONAL, LA RÉGULATION SONORE AÉRIENNE

Il n'y a pas qu'en France que la préoccupation sanitaire en lien avec le bruit des avions monte. L'aéroport de Schiphol, aux Pays-Bas, en a fait une priorité avec un vaste programme de réduction du bruit de la plateforme depuis 2020, en modifiant les trajectoires d'approche ou de décollage, en sélectionnant les avions les moins bruyants, encourageant Airbus et Boeing à réduire le bruit de leurs appareils, en implantant dans le sol des dispositifs réfractant le son, en améliorant l'isolation des habitations. Un avion aussi spacieux et performant que l'Airbus A380 n'a plus été exploité en raison de sa consommation, mais également de son profil acoustique. De même, l'aéroport de Chicago O'Hare a développé un programme de formation spécifique des pilotes pour réduire le bruit de leurs avions.

L'implantation incontrôlée des aéroports près des centres-villes est maintenant raisonnée par bien des pays, puisque la conscience de leurs nuisances a dépassé l'attrait de la proximité. Avec cette évolution, j'aurais vraiment voulu espérer que le bruit nocturne devienne un sujet de santé publique discuté dans les programmes politiques des équipes d'élus de nos mégapoles et des capitales régionales. J'aimerais qu'il soit accepté comme prioritaire par les appels à projet de recherche environnementaux. Mais c'est encore loin, nos discussions apparaissent encore aux politiques comme très techniques, alors qu'elles touchent des centaines de milliers de personnes en France toutes les nuits…

Le bruit de la circulation

Le bruit des autres transports : c'est en effet la plainte principale des habitants des villes françaises concernant leur sommeil. Plus d'un Français sur deux se plaint du bruit des transports au cours de la nuit.

Le bruit des deux-roues motorisés est, concernant les motards, un tabou très complexe à aborder. Comme membre des experts du Conseil national de la sécurité routière (CNSR), j'ai assisté aux réunions souvent violentes où des « motards en colère » refusaient toute réglementation protectrice ou sécuritaire, considérée comme une atteinte à la liberté individuelle. Même le conseil de porter des gants protecteurs, évitant l'arrachage et la brûlure grave de la peau des mains et bras en cas de chutes a été refusé, sous prétexte que tout le monde devait avoir le droit de conduire sans gants. Refus très organisé, mais aujourd'hui obtenu, d'agrandir la taille des plaques d'immatriculation permettant le contrôle plus facile des contrevenants. Certains motards préféraient arborer des plaques de la taille d'un ticket de métro, recouvertes de poussière, pour échapper aux contrôles, alors que la mortalité des motards – et principalement des jeunes hommes motards – est malheureusement de loin la plus élevée de toute celle des conducteurs. Plusieurs centaines de morts accidentelles en moto par an, sans compter plusieurs milliers de graves invalidités chez les accidentés survivants.

La question du bruit démesuré des grosses motos, mais aussi, à leur exemple, des scooters et des petits vélomoteurs livrant des repas le soir dans nos villes, relève du même refus de contrôle et d'une conception très individuelle de la liberté de circuler. Il existe bien le principe du contrôle du niveau sonore de ces deux-roues à l'achat, mais qui n'est pas appliqué à ce jour. L'établissement si difficile pour la Sécurité routière du contrôle technique des deux-roues motorisés, obligatoire depuis avril 2024, ne prévoit pas d'intervenir sur le niveau sonore du véhicule.

J'ai été, comme beaucoup, impressionné en voyageant au Vietnam, au Japon et même en Chine, de voir circuler dans les rues des milliers de deux-roues non bruyants et tout aussi efficaces, souvent chargés de familles ou de collègues assis par deux à cinq parfois sur ces mêmes deux-roues. Un simple contrôle du bruit à l'achat a permis aux constructeurs, qui sont le plus souvent les mêmes qu'en Europe, de réduire considérablement la pollution sonore. Je comprends le plaisir de rouler sur des grosses cylindrées et l'aspect sportif de la moto, mais il faut absolument empêcher qu'un simple motard solitaire réveille la nuit, parce qu'il aime appuyer sur sa pédale, plusieurs centaines d'habitants en rentrant chez lui. L'individualisme touche à l'égoïsme.

Sans faire le catalogue des autres bruits nocturnes, citons le bruit des chantiers urbains incessants jour et nuit, en particulier liés à l'extension du réseau des transports, métros et tramways en préparation des Jeux olympiques de Paris, celui des services de voirie déportés à des horaires compatibles avec la circulation, celui des voies rapides dans les villes qui s'étend sur toutes les plages horaires dans les mégapoles, celui des sirènes de police récemment augmentées et dont le climat d'insécurité ne permet pas l'autorégulation par les services de la préfecture. Telle New York, la ville qui ne dort jamais, de très nombreuses mégapoles se sont organisées la nuit avec des interventions incessantes et toujours considérées comme inévitables. Et pourtant, comme dans l'aéronautique, les progrès techniques sont possibles. On pourrait contrôler le niveau sonore des camions poubelle et proposer des véhicules électriques plutôt que ces diesels qui stoppent et redémarrent à plein gaz à tous les porches ? Peut-être une formation des éboueurs à la réduction du bruit lié à cette activité indispensable est-elle possible. Peut-être un rappel de consignes, des instructions de la part du préfet de police, concernant la restriction de l'emploi des sirènes à des situations résolument urgentes et la possibilité de sirènes à deux niveaux comme en ont déjà les bus. Toutes ces mesures semblent faciles à déployer dès lors que les décideurs sont sensibilisés à la question.

Plus sournoise que la pollution atmosphérique, la pollution sonore n'a souvent pas d'interlocuteurs, sauf en cas de nuisances avérées (telles celles des aérodromes). D'où des perturbations chroniques du sommeil chez les riverains des périphériques routiers (au-dessus desquels on envisage même de construire des habitations) ou des grands chantiers, touchant de manière prioritaire des personnes précaires exposées à de multiples risques.

Le réchauffement : du climat au sommeil

C'est souvent d'abord un plaisir d'avoir chaud la nuit, cela m'évoque des nuits de vacances en Méditerranée quand, après des journées lumineuses et de bains de mer, la soirée se prolonge et se rafraîchit doucement, on discute, on profite du moment, on boit un verre ou deux et, une fois couché, le sommeil ne vient pas toute de suite. Mais on ne doit pas se lever très tôt, alors peu importe, puis la nuit se rafraîchit un peu, on remonte le drap et on s'endort.

Mais cette fraîcheur des nuits d'été en Europe ne vient pas aussi facilement dans certains pays au climat continental. C'est en août en séjournant en Chine que je me suis rendu compte combien ne pas dormir plusieurs nuits de suite à cause de la chaleur devient pénible à supporter et exige des stratégies que ne permettait pas ou peu d'air conditionné. On comprend alors à quel point les grands ventilateurs, pourtant si menaçants à 20 centimètres de votre lit, les courants d'air savamment calculés, le calfeutrage de la chambre pendant la journée pour éviter l'exposition au soleil deviennent indispensables. En sortant la nuit dans les rues de Pékin, on découvre les familles, les personnes âgées, sortir par centaines, découverts ou torse nu, pour se rafraîchir sur le trottoir devant leurs immeubles en quête d'un peu de vent frais.

Température et sommeil

Il existe un lien étroit entre la température de notre corps et le sommeil. C'est en effet au cours de la nuit, entre 2 et 5 heures du matin que notre température est la plus basse chutant de 1 à 2 °C par rapport à celle de la mi-journée. Cette baisse de température démarre dans la soirée, en lien avec le signal donné par l'horloge biologique *via* la mélatonine. Cette climatisation naturelle de notre cerveau se fait d'une part, parce que nous arrêtons de bouger et de produire de l'énergie par réchauffement musculaire et, d'autre part, parce que nous évaporons notre température excessive par la tête mais aussi par les mains et par les pieds. Un phénomène physiologique étonnant dit de thermorégulation…

Lorsqu'on observe par caméras infrarouges des personnes en train de s'endormir dans un environnement thermique un peu supérieur à la normale, on a la surprise de voir leurs mains et leurs pieds s'allumer de plus en plus fort, alternativement, un peu comme des signaux de morse nous disant « tat, tit, tit… je m'endors » jusqu'à ce que la température ait atteint son minimum.

Mais une bonne capacité de transpiration n'est pas donnée à tous. Elle est maximale chez les jeunes adultes, elle diminue le plus souvent avec l'âge et avec la souplesse de la peau. Cette différence explique pourquoi certains jeunes peuvent baisser leur température en trente minutes, alors que d'autres vont mettre deux à trois heures pour atteindre leur point le plus bas de température centrale appelé « nadir ». Un peu comme des plongeurs qui pour certains descendraient en quelques minutes au fond de l'océan en apnée, alors que d'autres prennent leur temps et leurs bouteilles d'oxygène pour atteindre par paliers la même profondeur. Les premiers peuvent littéralement plonger dans le sommeil profond, alors que pour les autres l'endormissement ne se fait que lentement et progressivement. Certaines maladies de peau génétiques comme les anhydroses limitent la transpiration et donc la capacité de trouver le sommeil naturellement.

Mais pourquoi descendre sa température au cours de la nuit ? C'est là un des éléments essentiels de compréhension du rôle du sommeil. C'est en effet au cours de cette période d'autohibernation que l'organisme produit sa propre énergie et répare ses cellules cérébrales et musculaires. Chaque nuit, au cours de cette période de quelques heures à température basse, un ballet d'hormones et de réactions cellulaires se déroule pour que notre corps puisse demeurer toute la journée à température constante entre 36,5 et 37,5 °C, quelles que soient notre activité et les conditions climatiques que nous aurons le lendemain. Pendant cette période aussi, de multiples réparations cellulaires s'opèrent, souvent invisibles, mais qui nous permettent de nous réveiller reposés et restaurés.

On comprend qu'il nous est cependant plus difficile de descendre notre température lorsqu'il fait si chaud la nuit en été, surtout lors des périodes de canicule. La transpiration se fait bien, mais elle ne suffit plus à compenser. Il faut alors adopter des stratégies de refroidissement et changer ses habitudes.

Dormir pendant la canicule

Comme un signe régulièrement évoqué du dérèglement climatique, les canicules se succèdent depuis plusieurs étés et les records de température quotidiens grimpent. Tristes records ces dernières années en France…

– le jour le plus chaud : 46 °C à Vérargues, dans l'Hérault, le 28 juin 2019 ;
– le nombre successif de jours de canicule en France : vingt et un jours successifs de canicule en 2006 ;
– l'année la plus chaude : 2022, pendant laquelle nous avons vécu trois périodes successives de canicules ayant débuté très tôt en juin pour finir fin août. L'année 2024 a été la plus chaude jamais enregistrée en Europe avec une température moyenne de 10,69 °C. Cette température est supérieure de 2,92 °C à celle des années 1850-1900. L'Europe a connu notamment son printemps et son été les plus chauds jamais enregistrés.
– l'été le plus chaud en 2023 ;
– la nuit la plus chaude : en Europe de l'Ouest, il est considéré qu'une canicule correspond à une température de nuit

supérieure à 18-20 °C et une température de jour supérieure à 30-35 °C. À Périgueux, un record de chaleur a été battu la nuit du jeudi 24 août 2023 : 23,5 °C. Cela a été la nuit la plus chaude depuis l'ouverture de la station de Météo France en 2004.

Depuis la grande canicule de 1911, cette chaleur excessive fait peur et on parle d'effets sanitaires des canicules. Lors de l'été 1911, il y aurait eu plus de 40 000 morts, dont 29 000 nourrissons. Les observations des médecins de santé publique décrivent leur impuissance à maîtriser cette mortalité infantile, en lien avec des déshydratations et diarrhées.

En août 2003, la France subissait aussi l'une des canicules les plus longues et meurtrières de son histoire. Elle dura quinze jours et provoqua la mort de 15 000 personnes en France. On considère que l'activité des centres d'urgence est multipliée par deux lors des périodes de canicule. Les personnes qui sont les plus vulnérables sont en effet les très jeunes enfants et les personnes âgées, ou celles présentant déjà des maladies chroniques et qui ne parviennent pas à appliquer pour eux-mêmes les précautions de lutte contre la chaleur qui sont bien connues dans les pays chauds : se protéger du soleil, s'hydrater, se dévêtir pour dormir, prendre des bains ou des douches fraîches.

Les facteurs caniculaires les plus nocifs sur le sommeil sont en premier le niveau de température nocturne élevé, qui rend très complexe le mécanisme d'hypothermie nécessaire à la restauration quotidienne du cerveau et du corps. Mais aussi l'absence de baisse de température entre le jour et la nuit. Dans certains déserts, les journées brûlantes sont suivies de nuits très fraîches, ce qui n'entrave pas le sommeil. Le nombre de jours successifs de canicule est aussi un facteur aggravant, empêchant nuit après nuit la récupération et rendant même les personnes en bonne santé fragiles et fatiguées. Santé publique France, qui a constaté 15 000 décès liés à la canicule en 2003, recommande des mesures de prévention dès l'apparition de fortes chaleurs et en particulier de rafraîchir sa chambre et de s'hydrater avant la nuit.

Mais il semble globalement acquis que la température va augmenter partout dans le monde et la question que nous nous posons est : le sommeil peut-il s'adapter à ce réchauffement climatique ? La réponse à court terme est optimiste, en étudiant le sommeil de sportifs de haut niveau, ou de militaires arrivant en pays chaud, on a pu montrer que l'organisme s'adapte pour contrer l'excès de chaleur, d'une part en transpirant plus (si on a pris la précaution de boire plus dans la soirée), d'autre part en augmentant la fréquence respiratoire et donc l'échange d'air avec l'extérieur. On peut aussi dire que les peuples vivant dans de grandes chaleurs toute l'année se sont adaptés à cet environnement et leur organisme parvient à descendre leur température au cours de la nuit, lorsqu'ils ont accès à suffisamment d'eau pour s'hydrater et transpirer.

Mais que peut-on penser des effets à long terme des pics caniculaires et du réchauffement climatique sur le sommeil ? C'est le sujet d'une très intéressante étude publiée en 2022 par Kelton Minor et un groupe de chercheurs de l'université de Copenhague et du Max-Planck Institute de Berlin dans la revue *One Earth*. Ils ont étudié les données plus de 7 millions d'enregistrements de nuits de sommeil, à l'aide de bracelets connectés comportant un actimètre, dans soixante-huit pays. Ils les ont corrélées aux données météorologiques locales quotidiennes. Ils mettent en évidence que l'augmentation de la température raccourcit la durée du sommeil, principalement en retardant le début du sommeil, mais aussi par un éveil précoce et une augmentation d'éveils nocturnes, augmentant la probabilité d'un sommeil trop court et insuffisant.

Une température nocturne de plus de 25 °C multiplie par 3,5 le risque de dormir moins de sept heures par nuit. Les nuits au-dessus de 30 °C, nous perdons en moyenne quatorze minutes de sommeil. L'effet de la température sur la perte de sommeil est nettement plus important pour les habitants des pays à faible revenu et les adultes plus âgés. Les femmes sont plus touchées que les hommes. Mais l'effet des canicules est aussi présent chez les habitants des pays les plus développés et ayant un accès probable à la climatisation. Les habitants des régions les plus chaudes perdent comparativement plus de sommeil par degré de réchauffement, ce qui suggère une adaptation limitée.

Ces chercheurs font une projection et démontrent que d'ici à 2099, les canicules pourraient éroder entre cinquante et soixante heures de sommeil par personne-année… Le changement climatique produisant des inégalités géographiques qui s'accroissent avec les émissions futures.

S'habituer à la chaleur : la stratégie des sportifs et des militaires

La question de l'adaptation à la chaleur et des conséquences potentielles sur la récupération est cruciale depuis quelques années pour les sportifs de haut niveau et les militaires en opération.

Les sportifs de haut niveau doivent concourir dans des conditions de plus en plus chaudes chaque année, en lien avec le réchauffement climatique et une certaine rigidité des calendriers des épreuves. Les Jeux olympiques et paralympiques ont toujours lieu pendant les mois de juillet et août avec des températures qui peuvent être très élevées, comme cela a été le cas à Pékin et aussi, mais de manière moins importante, à Paris 2024. La récente coupe du monde de football au Qatar a aussi conduit les autorités à la climatisation des stades.

Il y a bien sûr les effets de la chaleur sur la performance physique qui sont mis en question. Le muscle fonctionne idéalement à une température de 37 °C. Une manière de baisser la température est de s'hydrater de manière importante pour favoriser la sudation. D'où l'image des tennismen à Roland-Garros qui ne cessent de boire et de s'éponger la sueur entre deux jeux, ou des coureurs du Tour de France qui vident bidon sur bidon en grimpant à l'Alpe d'Huez. À côté de ces stratégies individuelles, les stratégies d'équipe sont de plus en plus sophistiquées : séjours d'acclimatation au chaud de plusieurs semaines pour calculer la résistance de chacun et programmer par intelligence artificielle l'hydratation individualisée en fonction de la température, de l'effort, du vent et du taux d'humidité. S'y adjoignent les calculs des performances collectives lors des entraînements en fonction de la température extérieure pour éviter claquages et blessures.

Et puis l'organisation collective pour pouvoir refroidir les athlètes après la compétition. Des salles de cryothérapie sont parfois présentes dans les grands clubs sportifs. La cryothérapie permet de diminuer l'inflammation musculaire après l'effort et de baisser la température de 3 °C. La cryothérapie du corps entier consiste à induire un choc thermique sur l'organisme en s'exposant pendant trois minutes à une température très basse, comprise entre – 110 °C et – 140 °C, dans un but thérapeutique, de récupération ou de bien-être. Mais rien ne prouve que la cryothérapie, par elle-même, ait un effet positif sur le sommeil des sportifs.

Le plus simple est bien sûr de se rafraîchir à la douche froide après l'épreuve et le soir de disposer de chambres climatisées, pour que les athlètes puissent dormir dans des conditions fraîches permettant un bon échange thermique.

Les innovations pour se rafraîchir

Dans ce contexte de réchauffement climatique et de canicules, on peut penser que le corps va s'adapter sur le long terme pour maintenir sa baisse de température cérébrale nocturne et favoriser ainsi le sommeil, mais existe-t-il des moyens validés permettant de se rafraîchir à plus court terme les nuits d'été pour enfin s'endormir ?

CLIM OU PAS CLIM

Les palaces et grands complexes immobiliers situés dans les pays continentaux ou du Sud ont fait leur choix. Pas d'hôtel convenable sans climatisation. Les systèmes de climatisation ont fait un progrès impressionnant ces dernières années. Moins consommateurs d'énergie, moins bruyants, ils sont aussi capables de diffuser de l'air froid plus progressivement évitant ainsi l'effet de souffle glacial qui vient vous transpercer pendant la nuit et vous faire vous réfugier sous la couette.

Mais la grande difficulté reste leur adaptation fine à la température extérieure. Le plus souvent un seul thermostat, fixé au niveau de la commande, permet à la fois de mesurer la température actuelle et de fixer la température désirée. Malgré les télécommandes posées sur les tables de nuit, il est souvent encore difficile de s'adapter à la diminution naturelle de la température pendant la nuit. Même dans les hôtels les plus récents, on a l'impression de froid en pleine nuit pulsé par les aérateurs qui vous réveillent. Les climatiseurs sont toujours aussi fréquemment bruyants et les conflits entre les couples de dormeurs ne sont pas rares, entre celui qui préfère avoir chaud mais pas de bruit, et le conjoint qui supporte le bruit car il veut avoir frais. Sans compter les questions énergétiques et de développement durable, le débat sur la climatisation et le sommeil est donc loin d'être clos.

En restant sur le même principe de rafraîchir le cerveau au cours de la nuit pour mieux dormir, deux innovations intéressantes ont été proposées ces dernières années.

LE BANDEAU EBB

Le bandeau rafraîchissant Ebb Sleep Cooling est plutôt destiné aux insomniaques et a été développé et validé par des chercheurs strasbourgeois en association avec des Américains de Pittsburgh et Détroit. Le principe est de rafraîchir directement le cortex frontal au moment du coucher en passant ce bandeau préalablement rafraîchi au congélateur. Comparé à un autre bandeau témoin, il améliore la survenue de certains stades de sommeil. Cependant on ne connaît pas son efficacité à long terme. Il peut permettre à ceux qui ont un sommeil fragile de mieux traverser les périodes de canicule ou de fortes chaleurs de l'été.

LES OREILLERS RAFRAÎCHISSANTS.

Ils sont plus destinés au grand public malgré leur prix haut de gamme qu'aux insomniaques. On peut trouver une dizaine de modèles sur le marché. Certains sont fabriqués à partir de fibres tout à fait nouvelles, permettant des échanges thermiques intenses et rafraîchissants. D'autres, de type suroreillers, sont reliés à des systèmes miniaturisés de climatisation avec la circulation d'eau froide dans l'oreiller. D'expérience, je sais combien l'oreiller est utile au sommeil et je crois que ce type de technologie peut aider ceux qui supportent mal les grandes chaleurs ou qui ne parviennent pas à faire le vide dans leurs idées bouillonnantes avant de se coucher. Mais il n'existe pas, à mon avis, de preuve scientifique exacte de la supériorité d'un modèle par rapport à l'autre.

Pour conclure, il est clair que notre environnement changeant affecte non seulement nos vies quotidiennes mais aussi notre sommeil et donc notre capacité à nous adapter. Savoir, c'est prévoir : préserver sa chambre et celle de ses enfants du bruit, d'un excès de lumière la nuit, de la chaleur… c'est se réserver de meilleures nuits et donc de meilleures journées. Tous les petits moyens sont bons.

CHAPITRE 4

Vaincre le besoin de sommeil ?

Dormir peu : mythe et physiologie

Le syndrome de Léonard de Vinci

Mythe ou réalité, Léonard de Vinci, génie créatif de la Renaissance (1452-1519), aurait été le premier maître des horloges à dormir de manière polyphasique vingt minutes, toutes les quatre heures, soit deux heures de sommeil par vingt-quatre heures.

Selon ses biographes, il demeurait par ailleurs extrêmement investi et éveillé dans ses innombrables projets et œuvres artistiques. Peintre élevé jeune dans l'atelier de Verrocchio à Florence, architecte, ingénieur, astronome, anatomiste, mathématicien, sculpteur, Léonard fait partie de ces hommes dont on se demande comment leur vie de création permanente a pu être compatible avec un repos de huit heures par nuit.

Sans cesse sollicité par ses mécènes – Ludovic Sforza, duc de Milan ; Isabelle d'Este à Mantoue ; conseiller des Médicis,

Julien à Florence et Jean (le pape Léon X) à Rome, tous deux fils de Laurent le Magnifique ; mais aussi adulé par César Borgia, Louis XII de France, et, à la fin de sa vie, par François Ier –, Léonard allie une activité artistique à des multiples projets créatifs pouvant refléter plusieurs vies. Projets architecturaux à Milan et à Rome, assèchement des marais Pontins.

La Joconde, Mona Lisa, est à elle seule le symbole de la vie de ce peintre, dont on ne connaît qu'une vingtaine d'œuvres peintes, toutes ultra-sophistiquées. La technique picturale de sa peinture à l'huile maîtrise le rendu de l'ombre et de la lumière. Les notions de perspective et d'algorithmes déterminent le dessin et permettent à Léonard d'anticiper le ressenti de ses admirateurs. Pour lui, chaque tableau doit aussi être une œuvre littéraire et il y intègre une dimension poétique qui prolonge la seule beauté de représentation. Chaque œuvre de l'artiste est aussi dynamique : le personnage est en mouvement, fait un geste, ou un sourire pour *La Joconde*, traduisant l'instant, la spontanéité, l'éphémère. Pour obtenir ces effets, le peintre se livre à d'incessantes retouches de ses modèles à l'huile pour mieux traduire la couleur, l'instant, l'émotion, la grâce, ce qu'on a appelé le *non finito* ou l'inachevé de son œuvre ; il emploie aussi ce glacis transparent : la technique du *sfumato* pour améliorer le fond transparent et intemporel de ses tableaux.

On sait que Léonard de Vinci aimait peindre en solitaire, contrairement à bien des artistes de la Renaissance, entourés dans leurs ateliers d'élèves, de maîtresses et de puissants commanditaires. On comprend, sans en avoir la preuve, qu'il ait pu développer dans ce contexte un sommeil polyphasique. Une tâche quotidienne qui le fascine mais qui n'en finit pas.

Au début, il réfléchit, prenant sans cesse des notes, réalisant de nombreuses esquisses. Il ne parvient pas à se coucher pour dormir, tout excité qu'il est par son projet, puis finit par s'endormir à la tâche. Se réveille en sursaut, choisit sa toile, esquisse à grands traits sa composition, puis dépose petit à petit des touches de peinture qu'il veut parfaites. Non, ce n'est pas cela, il fatigue encore, une sieste, mais pas trop longue et il reprend sa tâche.

Peu à peu cet esprit scientifique, cet ingénieur, cet humaniste finit par se rendre compte que le rythme idéal pour lui lors de la réalisation de ces œuvres au long cours est de dormir un quart d'heure toutes les quatre heures, un peu plus la nuit, un peu moins le jour. Il dessine ce rythme idéal sur l'un de ses petits carnets qui l'accompagnent toujours et se réfère à son quadrant solaire et à ses sabliers.

Le rythme Léonard de Vinci est né. Au cours des jours et de ces nuits fractionnées, l'œuvre créatrice trouve toute sa force, la figure de *La Joconde* dans son environnement si parfait se détache, son sourire énigmatique apparaît, la lumière de son visage se détache. L'artiste heureux peut dormir quelques heures bien méritées.

Mais, dans l'œuvre du peintre, rien ne reflète mieux le mythique rythme polyphasique que ses cahiers créatifs et ses inventions innovatrices rassemblées dans le *Codice Atlantico*. Ces cahiers, pour la plupart rassemblés par la Bibliothèque ambrosienne de Milan, ont été redécouverts tardivement après sa mort car ils avaient été vendus rapidement par ses héritiers à des riches collectionneurs qui les ont transmis et conservés dans des bibliothèques et parfois dépareillés pour individualiser les plus belles gravures de la main de Léonard réalisées entre 1478 et 1518.

Il s'agit de grandes feuilles (64,5 sur 46,5 centimètres) couvertes de textes et de dessins. Le *Codex Atlanticus* qui comprend mille cent dix-neuf feuillets regroupés en quatre volumes ne représente qu'une partie, mais exceptionnelle, des écrits de ce créateur, centré sur les dessins scientifiques et techniques. Un autre recueil, rassemblant les dessins anatomiques et botaniques, a été vendu à la collection des rois d'Angleterre. Il n'a plus aujourd'hui la forme d'un seul livre, mais est dispersé en de nombreuses gravures détachées. Ailleurs d'autres planches artistiques sont aussi dépareillées à l'Institut de France et au British Museum ou dans des grands musées américains.

En voyant pour la première fois le *Codex*, lors de l'exposition des cinq cents ans de la mort de Léonard de Vinci au Louvre, je me suis imaginé le grand artiste devant ses feuilles, abordant chaque page en fonction de son rythme de vie. Chaque invention est l'objet de plusieurs jours de travail et le format se prête à cette superposition quotidienne et polyphasique. Tantôt peintre et dessinateur d'un immense talent, Léonard est aussi un ingénieur hors pair. Il est capable d'analyser le moindre mécanisme qui l'entoure et est l'inventeur visionnaire d'objets technologiques modernes, comme l'hélicoptère, le parachute, le sous-marin, l'automobile ou même la bicyclette.

Pourquoi le *Codex* peut-il refléter le sommeil polyphasique ? Car chacune des pages s'inscrit dans un rythme, comme une période d'intense réflexion, sur un sujet unique, mais limité dans le temps. L'artiste-ingénieur se réveille en pleine nuit, son esprit est vif, il a un projet pour les trois heures qui viennent et se concentre sur une nouvelle page de codex, puis, épuisé, il s'endort en rêvant de sa prochaine page. Ainsi sa création s'inscrit dans un sommeil polyphasique, c'est-à-dire fractionné tout au long des vingt-quatre heures. Et on l'imagine bien fractionnant son temps dans ces périodes de créativité fructueuse, fasciné par sa page et lui donnant toute sa concentration. Comme sur le cercle et la quadrature[1] où il a peut-être passé une ou deux périodes de quatre heures, puis, après sa sieste récupératrice, s'est focalisé sur la machine à battre de l'or.

On estime que les années 1505-1506 ont été plus productives, avec près de deux cents feuillets du codex consacrés au vol des oiseaux. Compte tenu de ses autres occupations, on peut envisager une centaine de journées intenses de création réglées sur le rythme du peintre aboutissant à la description merveilleuse de ce monde volant.

Peut-on dormir trois heures par vingt-quatre heures ?

En observant la vie de Léonard de Vinci et en admirant son immense productivité, chacun peut se poser la question « peut-on dormir trois heures par vingt-quatre heures ainsi », et se consacrer à ses autres occupations le reste du temps… Quel temps gagné… Quelle possibilité infinie de se consacrer à ses passions, à écrire, à apprendre, à construire.

Ma première réaction de spécialiste est de répondre que c'est impossible pour la majorité des humains. Dans le cadre de notre équipe de recherche VIFASOM, nous nous intéressons depuis plus de quinze ans aux effets de la restriction-privation de sommeil sur les capacités d'attention, d'éveil mais aussi de cognition, de créativité. Et nous testons des contre-mesures pour faire face à la restriction.

1. « Répartition du cercle et de la quadrature », *Codex Atlanticus*, folio 430, Biblioteca Ambrosiana de Milan.

Une restriction de sommeil à trois heures par vingt-quatre heures dégrade considérablement les capacités cognitives de la plupart des sujets jeunes en bonne santé que nous étudions. Elle perturbe la capacité d'imaginer, d'inventer et même la voix, nous l'avons évoqué, est sévèrement altérée. Les personnes privées de sommeil sont de plus facilement irritables et dépressives. La privation chronique de sommeil sur plusieurs mois ou années a des conséquences métaboliques non négligeables, augmentant le risque de prise de poids, d'hypertension artérielle, de diabète de type 2, altérant aussi les défenses immunitaires.

Nous avons, lors d'une de nos études de privation de sommeil, montré pourquoi on peut, en regardant quelqu'un au réveil, savoir qu'il a mal dormi, juste par son visage. Deux nuits suffisent en effet pour modifier considérablement notre expression. Et les photos très précises des visages, ainsi que des petits prélèvements de peau à l'aide de scotchs que nous avons utilisés pour mieux comprendre, étaient sans appel.

Bien sûr, il existe une grande variabilité d'une personne à l'autre. Les personnes qui ont l'habitude de dormir neuf heures supportent encore plus mal la privation à trois heures que celles qui dorment en général six heures.

Mais il est difficile d'imaginer Léonard Vinci soumis à un tel rythme pendant des mois, voire des années, sans graves conséquences sur sa créativité, son humeur et sa santé. Si l'artiste a adopté ce rythme, c'est sans doute au cours de ses périodes d'intense création, pendant lesquelles il voulait aller au bout de son inspiration pour une œuvre qui le fascinait. Ou bien parce qu'il se sentait particulièrement inspiré sur un chapitre entier du *Codex* et déroulait plusieurs observations ou inventions dans le détail sur des périodes de vingt-quatre heures continues, entrecoupées de courtes siestes. Ou bien était-il par nature un très court dormeur…

Les petits dormeurs

Il y a bien, mais rarement, des petits dormeurs, génétiquement bien adaptés, qui ont besoin de cinq à six heures de sommeil seulement, sans conséquences visibles ni sur leur apparence, ni sur leur santé, ni sur leur longévité. On estime qu'ils représentent 1 à 2 % des dormeurs. Certains se connaissent et épuisent leur entourage familial ou professionnel en se couchant tard et en se levant tôt, laissant ceux qui veulent les suivre dans leur rythme au bord de l'épuisement… D'autres ne le savent pas et se pensent insomniaques, se réveillant en pleine nuit ou tôt le matin, mais sans fatigue dans la journée. Ce n'est pas toujours évident en effet d'être petit dormeur, car notre cadre de vie est contraint et notre entourage est dérangé par une trop grande activité nocturne. Ainsi Léonard de Vinci, sans déranger personne, poursuivait sa réflexion et ses inventions jusqu'à tard dans la nuit, sans être apparemment fatigué.

Mais les très petits dormeurs à trois heures par nuit, je n'en ai presque jamais rencontré. Sauf une fois… À plusieurs reprises, des hommes d'affaires, des sportifs ou des avocats très actifs, mais qui voulaient l'être plus encore, étaient venus me consulter pour dormir moins : « Je dors cinq heures par nuit, mais je sens que quatre heures suffiraient bien, pouvez-vous me conseiller, docteur ? » Malgré mes réticences à les guider dans cette voie, nous enregistrons leur sommeil et constatons qu'ils dorment plutôt six heures d'un sommeil bien concentré, sans doute densifié par des horaires insuffisants de repos et une certaine dette de sommeil, que je les convaincs de ne pas augmenter, pour éviter accidents et complications de santé.

Mais cette fois, il s'agit d'un septuagénaire très calme et posé qui me dit qu'il ne dort que trois heures par nuit depuis quarante ans et qu'il en a assez. Il n'en peut plus de lire ou de regarder la télévision la nuit, alors que toute sa famille se repose et qu'il est à la retraite. Il me raconte que tout a débuté alors que, âgé de 30 ans, il était diplomate en Inde et avait suivi l'enseignement d'un gourou, très porté sur les techniques d'éveil qui font partie de l'enseignement bouddhiste. Pour atteindre la pleine méditation des sages bouddhistes et ermites indiens, il faut s'exercer à être pleinement éveillé dans l'instant présent. L'élève a bien suivi l'enseignement du maître, tant et si bien que le diplomate s'est retrouvé petit dormeur, pleinement éveillé pour travailler la nuit tout au long de sa vie professionnelle bien réussie. Mais aujourd'hui, il aimerait bien dormir un peu plus…

Je lui propose un enregistrement de sommeil. À notre grande surprise, nous trouvons un sommeil de très courte durée (trois heures trente minutes), mais extrêmement dense en sommeil récupérateur. Là ou un adulte normal aura sept heures de sommeil avec 20 % de sommeil lent profond et 25 % de sommeil paradoxal, notre diplomate avait 40 % de sommeil profond et 50 % de sommeil paradoxal sur trois heures trente minutes. « Que puis-je faire ? » me demande-t-il ? « Pour vous pas de soucis, vous avez assez de bon sommeil pour bien vivre. Mais je vous conseille de retrouver le gourou et de développer sa méthode pour tous ceux qui veulent dormir moins… vous allez faire fortune. »

Les petits dormeurs sont-ils des hyperactifs ?

Il y a cependant un mythe autour de la personnalité des petits dormeurs qui ont la réputation d'être hyperactifs, au sens productif et non pathologique du terme. Dans toutes les écoles de management du monde occidental, on valorise les lève-tôt petits dormeurs : « L'avenir appartient à ceux qui se lèvent tôt. » Les politiques ou industriels petits dormeurs, qui nous sont décrits comme infatigables et multipliant les projets, y contribuent fortement. La pression politique et le besoin d'être en contact avec le monde 24/24 laissent peu de temps aux chefs d'État pour dormir. Obama avait dit qu'il dormait environ six heures par nuit en se couchant à 1 heure. À Donald Trump, il suffirait de quatre à cinq heures, en se couchant encore plus tard, mais se réveillant tard également.

Une analogie biologique contribue aussi à cette valorisation. L'éléphant qui a le patrimoine génétique le plus ancien du monde animal et dont la force, la tranquillité, la longévité, la mémoire sont légendaires, n'a besoin que de deux à trois heures de sommeil par jour, la plupart du temps entre deux et six heures du matin. Les éléphants, comme les chevaux, dorment à la fois debout et couchés, mais ils ne se couchent pas trop souvent : environ tous les trois ou quatre jours, et ils n'auraient du sommeil paradoxal que lors de ces épisodes, car, comme pour tous les mammifères, leur sommeil paradoxal s'accompagne d'une atonie (perte du tonus musculaire) qui les oblige à dormir couchés et les rend plus vulnérables vis-à-vis des prédateurs qui les entourent.

Mais aucun lien n'a été mis en évidence chez l'homme entre le fait d'être petit dormeur et celui de réussir professionnellement ou dans les affaires. Le modèle polyphasique qu'aurait adopté Léonard de Vinci ressemble cependant à celui des navigateurs solitaires qui parviennent à réduire et organiser leur sommeil dans des périodes de grand stress comme les courses transocéaniques pour atteindre le maximum de leur performance et pour gagner.

Peut-on faire du sommeil polyphasique lors de courses transocéaniques ? Comment dorment les navigateurs solitaires ? Ces marins athlètes sont considérés comme les derniers grands aventuriers de notre temps. Défiant seuls les océans avec des bateaux de plus en plus rapides et sophistiqués, ils ne peuvent compter que sur eux-mêmes lorsqu'ils franchissent le cap Horn et traversent grains et tempêtes au milieu de la nuit.

Les grandes légendes de navigateurs français, Éric Tabarly et ses *Pen Duick*, Alain Colas et *Manureva*, nous ont fait rêver et les journalistes en ont fait les héros des amateurs de voile mais aussi du grand public. Plusieurs centaines de milliers de personnes se pressent maintenant aux Sables d'Olonne pour assister au départ du Vendée Globe, si possible monter sur les pontons, admirer le carénage et les foils de ces grands voiliers, croiser les regards passionnés et déjà lointains de ces grands marins.

Les rythmes de sommeil atypiques

Dormir sous l'océan : les sous-mariniers

La question du sommeil a toujours été importante pour les marins, qui ont très tôt organisé des « quarts » pour rester toujours à la barre. Il faut en effet maintenir aux commandes du navire, à toute heure, un équipage suffisamment réactif pour faire face aux tempêtes et aux intempéries. « Quart » comme quatre heures de poste alternant la nuit. Pendant la journée, cette alternance se fait plutôt sur des postes plus courts de deux à trois heures. Même en temps de paix, la marine de guerre fonctionne sur le principe de ces quarts dont le rythme a été institué dans la Royale par Colbert et qui n'ont pas bougé depuis. Et depuis Louis XIV, ces rythmes de quart tournent dans le sens inverse des aiguilles d'une montre, c'est-à-dire dans le sens quart de matin, quart de nuit, puis quart de soirée sur un rythme de trois jours. Un rythme inversé très difficile à supporter pour notre horloge biologique. Mais même dans le milieu militaire, pourtant très entraîné et volontaire, les techniques ont évolué et les personnalités changent, avec parfois des difficultés d'adaptation à ces rythmes austères et contraignants, pour lesquels un bon sommeil est devenu un argument stratégique fort.

C'est ainsi que nous nous sommes intéressés au sommeil des sous-mariniers nucléaires dans le cadre de VIFASOM, avec le professeur Marion Trousselard de l'Institut de recherche biomédical des armées (IRBA), travaux poursuivis avec le médecin des armées le docteur Gaëtan Lamour. Pour planter le cadre, l'équipage de 110 hommes (rarement une ou deux femmes) d'un sous-marin nucléaire lanceur d'engins (SNLE) part pour quatre-vingt-dix jours, à partir de la base de sous-marins de l'Île Longue dans la rade de Brest, base de la Force océanique stratégique (FOST).

Leur mission est hautement secrète, la dissuasion nucléaire constitue en effet l'ultime garantie contre toute atteinte à nos intérêts vitaux, quelles qu'en soient l'origine et la forme. La présence permanente d'au moins un SNLE en patrouille garantit à chaque instant la possibilité d'exécuter une frappe nucléaire qui serait ordonnée par le président de la République.

Pendant ces missions, les 110 marins – 16 officiers, 85 officiers mariniers et 12 quartiers maîtres et matelots – sont soumis à un rythme de haute intensité, malgré l'apparence fluide et silencieuse du sous-marin qui les emporte, indétectable à travers les océans de la planète.

D'une part, ils n'ont aucune communication avec l'extérieur et ne peuvent envoyer aucun message à leur famille pendant cette période. Fini le rythme des mails, WhatsApp, SMS, les notifications X, Instagram et leurs multiples photos ou informations politiques et sociétales. Certains messages ou courriers filtrés de leurs familles leur sont envoyés par « bouquets » deux à trois fois dans la mission. Beaucoup de pères marins apprennent ainsi la naissance de leurs enfants quelques jours après l'heureux événement. Dans notre génération saturée d'informations, ce grand vide crée une situation insolite.

D'autre part, il faut vivre à cent dix dans un espace relativement restreint d'environ 240 mères carrés. Les sous-mariniers sont en général sélectionnés comme ayant un caractère sociable, taiseux et pas dépressif. Il leur faut savoir partager leurs affaires dans un espace aussi intime et ne pas être trop extraverti, car cela finirait par taper sur le système des autres. Mais cela demande aussi beaucoup de discipline pour arriver à vivre ensemble, dormir, travailler, se laver, entouré d'une immense famille, hiérarchisée, mais présente à tous les instants de la mission.

Certes, les conditions de vie ont évolué dans les sous-marins où l'on n'est plus obligé de partager son lit avec deux autres marins (la bannette chaude d'autrefois). Et la discipline y est moins dure, moins formelle, plus fraternelle que dans d'autres environnements militaires. Mais cela dépend beaucoup de la personnalité du commandant appelé familièrement « pacha ».

Enfin, et c'est là où nous sommes intervenus, les rythmes décalés sont très difficiles à tolérer, car ils changent tous les jours avec, nous l'avons dit, une rotation antihoraire. De plus, leur environnement est sans lumière naturelle ni rythme social pour se recaler. Les marins ont donc l'impression de vivre des missions en perpétuel décalage horaire, dans le brouillard. Cela nuit non seulement à leur qualité de vie à bord lors de ces missions, mais aussi de manière plus opérationnelle à leur vigilance au poste de combat, à leur qualité de repos par le sommeil et à leur ressenti psychologique.

En étudiant objectivement, avec Marion Trousselard, le sommeil d'une vingtaine de sous-mariniers, par deux polysomnographies (enregistrements complets du sommeil) « en bannette » – c'est ainsi qu'on appelle traditionnellement les couchettes que se partageaient les marins dans la marine lorsqu'ils changeaient de « quarts » –, nous avons apporté des conseils pour aménager des conditions artificielles reproduisant une lumière de jour et une pénombre de nuit plus proches de celles qu'on connaît à l'extérieur. Nous leur avons aussi proposé la possibilité de baisser la température dans chaque chambre par soi-même, pour favoriser l'endormissement. Avec ces conseils, nous avons constaté que le sommeil restait plus stable et moins fragile en moyenne tout au long de la mission. Nous avons aussi proposé de changer le sens des rythmes postés qui date de la Royale, mais sans succès pour le moment. Tradition oblige dans la marine…

Le sommeil des navigateurs solitaires : escale à l'Hôtel-Dieu

Pour revenir au sommeil des navigateurs solitaires et à leur capacité à dormir très peu et en polyphasique, on peut se demander comment ces hommes et femmes, plutôt habitués aux côtes bretonnes de La Trinité ou de Lorient, sont venus faire escale sur la Seine dans notre centre du sommeil de l'Hôtel-Dieu. Cette escale est presque devenue un passage obligé pour au moins une centaine d'entre eux, qui ont traversé l'Atlantique ces dernières années sur la Route du Rhum et la Transat Jacques-Vabre, parcouru les autres mers avec le Vendée Globe et l'Ocean Race (anciennement Whitbread' Ocean Race). C'est aussi une étape initiatique pour bien des jeunes qui projettent de régater la Solitaire du Figaro, le Tour de France à la voile ou la Mini Transat.

C'est au départ un médecin du sommeil toulousain installé à Paris, Bertrand de La Giclais, qui fait sa thèse de médecine sur le sommeil des navigateurs avec Laurent Bourgnon, skipper très charismatique et visionnaire, qui cherche alors à optimiser son rythme de sommeil pour une clarté plus opérationnelle lors de ses périodes de veille.

Lorsqu'il vient nous voir, Laurent est déjà vainqueur de la Solitaire du Figaro en 1988 et de la Route du Rhum en 1994. Nous enregistrons son sommeil, d'abord sur des périodes de vingt-quatre heures à terre, puis lors d'entraînements en mer, avec Bertrand toujours prêt à monter à bord pour ajuster les électrodes à protéger. Nous réalisons un travail de « haute couture » pour définir ses plages optimales de sommeil récupérateur qui lui ont permis de se connaître mieux et de gagner à nouveau la Route du Rhum en 1998 et la Transat Jacques-Vabre avec son frère Yvan Bourgnon en 1997. Laurent était curieux de tout et voulait en particulier tester l'hypnose pour s'endormir au bon moment. Peu versés dans ces techniques de notre côté, nous l'avons accompagné chez un ORL très médiatique qui opérait sous hypnose, comme cela se fait aussi au Brésil ou aux États-Unis. Laurent bardé d'électrodes se concentre et se laisse aller à une séance complète d'auto-hypnose dont il ressort frais et détendu. Mais, à l'analyse de son électroencéphalogramme, nulle phase de sommeil. L'hypnose rend peut-être le rythme cérébral plus régulier et détendu, mais il n'existe aucune preuve objective à ce stade qu'elle favorise un sommeil profond.

Yvan Bourgnon, tout aussi dynamique et sympathique que son frère, avait pourtant un sommeil très différent, car il était très long dormeur. Il ne comptait plus les matins de course où il n'avait pas entendu son réveil, plongé pendant des heures dans un sommeil profond et imperturbable. Cela lui donnait un côté « cool » car il pouvait dormir des heures au milieu des océans sans être inquiet ni réveillé. Mais cela pouvait aussi se révéler dangereux sur des courses au large lorsque les conditions météo ou les avaries du bateau peuvent changer en quelques minutes, avec la nécessité de faire un point au minimum toutes les deux ou trois heures. Avec Yvan, nous avons donc testé au laboratoire de multiples sons qui seraient susceptibles de le réveiller en plein sommeil à bord en cas d'alarme. Échec de la musique rock ou de la sonnerie de clairon, qui réveillaient tous ses voisins de chambre du centre du sommeil, mais pas lui. Mais, après une première naissance chez Yvan, nous avons eu l'idée d'enregistrer la voix de son bébé qui s'est révélée la plus efficace pour le sortir du sommeil.

Et c'est ainsi qu'il a réussi à mieux organiser son sommeil et à se réveiller à temps pour gagner la Mini Transat et la Mini Fastnet la même année, puis la Transat Jacques-Vabre avec son frère Laurent.

Une belle aventure partagée aussi avec Isabelle Autissier, la première femme à traverser l'Atlantique en solitaire et qui est venue plusieurs fois nous rencontrer pour ajuster son sommeil dans le cadre de la préparation de l'édition très difficile du Vendée Globe 1996-1997. Pour se préparer, Isabelle avait programmé un enregistrement de son sommeil pendant seize jours en mer sur une traversée en solitaire Paris-New York et nous avons des photos prises au moment de son arrivée à New York : elle monte sur son mat, les électrodes toujours attachées à la tête pour démêler les drisses. En 1999, au cours de la course en solitaire autour du monde Around Alone (ex-Boc Challenge), elle chavire à 25 nœuds et son bateau reste à l'envers. Le skipper italien Giovanni Soldini viendra la sauver. Aujourd'hui écrivaine et présidente française de World Wildlife Fund (WWF), Isabelle reste une légende de cette histoire de la course au large.

Mais quelles angoisses partagées lorsqu'un skipper suivi par notre équipe est victime d'un accident. C'est le cas de Thierry Dubois qui a connu bien des mésaventures au cours de la même édition du Vendée Globe 1996-1997 sur *Amnesty International*. Après déjà deux avaries réparées aux Sables d'Olonne, puis au Cap, il reprend la mer et, le 5 janvier 1997, il traverse une très forte tempête avec des vents à 55 nœuds et une mer démontée. Le voilier chavire et reste à l'envers. Thierry Dubois parvient à sortir de la coque de son bateau par une trappe et se hisse sur celle-ci. Il déclenche sa balise de détresse après s'être sérieusement arrimé au safran tribord.

Quelques heures plus tard, il est repéré par un avion de la Royal Australian Navy, qui lui largue un radeau contenant une VHF, créant ainsi un lien entre le naufragé et les sauveteurs. Ces derniers lui apprennent qu'une frégate a quitté Perth et se dirige à sa rencontre. Pendant plus de deux jours, Thierry sera resté accroché seul au monde à la coque de son bateau, tentant de ne pas dormir pour éviter de tomber à l'eau. C'est une grande leçon pour nous et, lors de tous les accompagnements, Thierry témoigne de l'importance de la gestion du sommeil en mer non seulement pour la performance, mais aussi pour la sécurité.

Mais c'est avec Jean-Pierre Dick (JP) que nous avons réussi le meilleur couple navigateur-conseil du sommeil, avec le docteur François Duforez, médecin du sport et du sommeil, tout au long des quinze ans pendant lesquels nous avons travaillé avec lui et son équipe. Avec son esprit méthodique, sa grande capacité d'organisation, JP est un skipper précurseur qui veut à la fois comprendre les enjeux techniques du bateau et tester les capacités humaines du skipper. Sommeil, nutrition, exercice physique, il n'a rien laissé dans l'ombre. Avec JP, nous avons peut-être fait quinze enregistrements de sommeil dans de multiples conditions, à terre, en entraînement, de jour, de nuit, sur plusieurs jours lors de qualifications, en privation de sommeil, pendant différentes sortes de sieste. De manière à pouvoir par des débriefings successifs affiner sa « roue du sommeil » qui lui permettait à n'importe quel moment de la course de savoir s'il se trouvait soit dans une porte d'entrée du sommeil, pour pouvoir prendre une sieste récupératrice, soit dans une période interdite où son sommeil ne serait de toute façon pas récupérateur.

Roue de sommeil qu'il affichait sur sa table de quart et qui variait en fonction de la course, voire des moments de la course, selon le décalage horaire et le type de course au large. Car ce n'est bien sûr pas du tout la même chose de dormir trois à quatre heures par vingt-quatre heures dans une transocéanique ou de dormir cinq à sept heures pendant les périodes « plus calmes » du Vendée.

À chaque retour de course, un bilan très complet nous rassemblait avec JP, qui revenait sur les bonnes périodes et les mauvaises expériences de la course pour adapter au mieux le programme de la suivante. Avec toutes ces belles courses de JP : quatrième à la Rolex Fastnet Race en 2017, quatrième au Vendée Globe 2016-2017 et en double vainqueur de deux Barcelona World Race (2008, 2011), de quatre Transats Jacques-Vabre (2003, 2005, 2011, 2017) et d'une Route du Rhum (2012). Élu marin de l'année en 2011.

Et puis, de course en course, avec François Duforez, nous sommes intervenus sur l'ergonomie intérieure des nouveaux bateaux *Saint-Michel-Paprec* construits par JP pour le Vendée Globe. Nous avons, avec l'équipe de Bultex, construit une couchette spéciale JP, capable d'accueillir son grand format au milieu des vibrations infernales des coques métalliques. Ainsi, il n'était plus obligé de se sangler à sa couchette comme dans les précédents bateaux sans risquer de tanguer d'un bord à l'autre comme dans ses courses antérieures. Nous avons aussi conçu avec lui un fauteuil de quart qui lui permette de faire la sieste sans quitter la table à cartes lorsque la météo est difficile à gérer. Nous avons proposé un éclairage de jour et de nuit pour éviter de trop le réveiller lorsqu'il interrompt son sommeil pour une manœuvre, mais qui puisse le stimuler avec de la lumière bleue en cas de situation dangereuse pendant la nuit.

C'est avec toutes ces années sur les pontons et dans les bateaux que nous avons développé avec Bertrand de La Giclais et François Duforez cette escale sommeil de l'Hôtel-Dieu qui nous fait rencontrer, comme une étape initiatique, les plus grands navigateurs de notre époque et nous avons été fiers d'accompagner ces dernières années, Loïc Peyron, Charlie Dalin et premier du dernier Vendée Globe de 2025, Charles Caudrelier, Kito de Pavant, Yann Eliès, Fabrice Amedeo, Clarisse Crémer, Tanguy de Lamotte, Isabelle Joschke, ainsi que les athlètes de l'équipe olympique de voile pour un tout autre type de préparation.

C'est au cours de ces courses au large et dans ces différents accompagnements de sportifs que nous avons pu observer que le rythme utilisé par Léonard de Vinci peut être utilisé dans des périodes intenses de haute compétition. Il est aussi appliqué dans des périodes d'exposition au danger pour des militaires ou explorateurs confrontées à un environnement hostile, en leur permettant de faire face à ces épreuves sans perdre contact avec la réalité. Le syndrome de Léonard de Vinci peut être aussi créatif permettant à certains génies intuitifs de saisir tout au long de la journée les évolutions planétaires, les grands enjeux financiers, de la géopolitique, de la culture.

Un syndrome de Léonard de Vinci sociétal

Mais il s'agit pour moi d'un rythme d'exception, et non d'un rythme quotidien subi, comme nous le voyons parfois émerger spontanément dans une génération d'internautes branchés nuit et jours au flux d'une information planétaire toujours urgente. Il peut être alors nocif, tant le conditionnement des personnes les plus sensibles et vulnérables aux réseaux sociaux et aux messageries instantanées est grand. Nous observons de plus en plus d'insomniaques sévères enregistrés dans notre centre du sommeil qui se réveillent au moindre SMS adressé sur le téléphone compagnon intime de leurs nuits, comme de leurs journées.

David, un ingénieur « non 24 »

David est l'un d'entre eux. À 27 ans, ingénieur brillant, il a travaillé pour un cabinet de conseil prestigieux pendant quatre ans, mais c'est surtout un passionné de codage et de bitcoin : il passait ses soirées, puis ses nuits sur la Toile. Dans ce type de métier, il avait pour responsabilité d'évaluer les procédures et la comptabilité des clients de son cabinet lors de missions en région ou en Europe pour le compte de grands groupes. David avait tendance à reporter de plus en plus tard dans la journée ses rares échanges avec des interlocuteurs extérieurs. Réunions Zoom ou Teams, caméra éteinte pour ne pas montrer sa fatigue de plus en plus grande. Mais ses évaluations étaient bonnes car il remplissait tableau Excel sur tableau Excel, conformément aux exigences et au tarif horaire du cabinet. Pourtant, les proches de David commencent à s'inquiéter, il se plaint d'insomnie sévère et, lors des rares séjours passés en famille, il ne quitte pas son écran de la soirée et s'endort au petit matin ratant systématiquement le déjeuner. Il se dit très fatigué, ne sort plus, a une mine de papier mâché.

Une mission en Allemagne va tourner à la catastrophe. David rate deux fois l'avion de Francfort au petit matin et ses interlocuteurs s'en plaignent à son manager. Ce dernier a beaucoup d'amitié pour David qu'il trouve un peu atypique mais très intelligent. « Prends des vacances, David, lui dit-il, cela fait des mois que tu n'es pas parti. » Mis en vacances « d'office » pour deux semaines, David n'a pas d'endroit précis ou aller, il retourne chez ses parents et passe ses nuits sur son ordinateur à surfer et se réveille épuisé dans l'après-midi. « C'est grave David, lui dit sa mère, à mon avis c'est un burn-out. » Mais de consultation médicale en arrêt de travail, cela tourne au cauchemar avec une intolérance aux antidépresseurs qui lui provoquent des crises d'angoisse et lui font quitter son emploi.

Lorsque je vois David en consultation cette après-midi-là, sa famille a appelé à plusieurs reprises pour avoir le créneau de consultation le plus tardif. Le jeune homme très agréable de contact a pris du poids, 25 kilos depuis un an, qu'il attribue aux antidépresseurs et à l'inactivité. Il raconte son quotidien complètement désynchronisé de la vie réelle. Chaque jour, il ne sait pas quand il va parvenir à dormir. Pour faire le point, je lui propose un bilan de sommeil comprenant un enregistrement complet de son sommeil pendant une nuit à la maison et le port d'un actimètre, une montre permettant de mesurer son horloge biologique pendant trois semaines. Quand nous regardons les résultats ensemble quelques jours plus tard, je suis impressionné. La nuit, David ne dort que quelques moments et se réveille pour se mettre en réseau, puis se rendort une heure, trois heures après. Mais surtout, l'actimétrie révèle que David se décale chaque jour d'environ une heure, présentant une désynchronisation de ses rythmes circadiens, un peu comme s'il n'était plus rattaché à l'influence de notre environnement. Le jour il peut lui arriver de faire des siestes, puis de reprendre sa tâche. Il ne fait plus de sport et bouge très peu de chez lui.

Le bilan est clair, David souffre de « non 24 », un trouble de l'horloge biologique rare qui ne touche d'habitude que les non-voyants qui ne perçoivent pas la lumière. Pourtant David voit bien, il n'a pas d'anomalie rétinienne et perçoit bien la lumière. C'est par manque complet de rythme social que David s'est désynchronisé et son horloge a perdu ses repères habituels : lumière, repas, activité physique.

Il a fallu un vrai travail de rééducation et de réapprentissage des synchroniseurs et un énorme effort pour David, sur des mois, avec l'aide de la lumière, de l'activité physique, de soutien psychologique pour lui faire reprendre une activité plus normalement rythmée et il semble aujourd'hui sorti de son isolement. Mais, il le sent, les résultats sont précaires et il a posté sur ses réseaux un message automatique de réponse après minuit : « Je ne suis plus disponible vingt-quatre heures sur vingt-quatre mais je lirai vos messages dans la journée. »

En conclusion, vaincre le besoin de sommeil est possible pour certains athlètes ou artistes engagés avec passion dans leur création, mais je ne le conseillerais que pour des périodes limitées dans le temps et avec un bon entraînement physiologique et psychologique. Perdre ses repères trop longtemps par rapport aux rythmes naturels et sociaux qui nous entourent nous isole dans une bulle difficile à percer.

CHAPITRE 5

Mal dormir, maladies et mal social

La médecine du sommeil n'a pas encore 50 ans et, en quelques décennies, elle a percé le secret de bien des maladies qui étaient autrefois méconnues ou négligées, et qui sont aujourd'hui identifiées et prises en charge partout dans le monde de la même façon.

Les pathologies du sommeil

L'apnée du sommeil

Le syndrome d'apnées du sommeil (SAS) en est l'exemple le plus marquant. Étiqueté autrefois syndrome de Pickwick, du nom d'un personnage de Dickens rondouillard et somnolent, le SAS reflète une anomalie de la respiration nocturne avec des arrêts de respiration – apnée –, ou des limitations de respiration associées à une chute d'oxygène dans le sang (hypopnées) d'au moins dix secondes. Ces apnées-hypopnées se produisent au minimum dix fois par heure et parfois, dans les formes sévères, toutes les minutes, soit plusieurs centaines de fois par nuit. Il en résulte une perturbation sévère de l'alimentation en oxygène du cœur et du cerveau au cours de la nuit. À chaque apnée, le cœur s'accélère et la tension artérielle monte pour apporter plus d'oxygène aux organes vitaux. Réveillés de multiples fois dans leur sommeil, les malades développent une grande fatigue dans la journée avec une somnolence qui devient peu à peu sévère.

S'ils ont juste tendance à faire un peu plus la sieste que les autres au début, les patients avec SAS finissent par s'endormir de manière imprévisible, dès que leur attention est insuffisante, devant la télévision, en famille, au travail et aussi fréquemment au volant. Le risque d'accident mortel au volant est cinq fois plus élevé lorsqu'on souffre de SAS. La médecine du sommeil a développé des outils de dépistage simples et ambulatoires qui permettent de dépister les apnées de manière fiable. Ce diagnostic fait, le traitement consiste en une assistance respiratoire par un respirateur à pression positive continue, appelé PPC. Ce traitement est devenu très fréquent, même s'il n'est pas évident à supporter. Des millions de patients dans le monde (1 million en France) sont aujourd'hui ainsi traités avec une grande efficacité sur la qualité du sommeil, de la vigilance diurne et la prévention des complications cardiaques et vasculaires.

L'insomnie

L'insomnie, le trouble du sommeil le plus fréquent touchant sévèrement un adulte sur dix, est aussi aujourd'hui mieux comprise et prise en charge. Auparavant considérée comme un symptôme inévitable d'anxiété ou de dépression, et traitée de manière trop automatique par des somnifères de type benzodiazépines, l'insomnie est maintenant considérée comme une maladie du sommeil indépendante, mieux connue des médecins généralistes et psychiatres. Son traitement de référence par les thérapies cognitives et comportementales de l'insomnie (TCCi) permet de changer le cours de la maladie et est disponible plus facilement, soit en direct avec des médecins ou psychologues formés, soit par applications numériques. Ces applications sont remboursées par la Sécurité sociale en Grande-Bretagne et par certaines mutuelles en France. De nouveaux traitements plus ciblés sur les causes d'insomnie, notamment l'excès d'éveil au cours du sommeil, sont aussi apparus récemment.

Les hypersomnies

Les hypersomnies rares comme la narcolepsie sont aussi aujourd'hui mieux repérées et prises en charge. Les personnes qui souffrent de narcolepsie ont un besoin excessif de dormir dans la journée, alors que leurs nuits sont déjà longues, parfois très longues, mais insuffisamment reposantes. Il peut leur arriver de dormir douze à seize heures par jour et de se sentir encore somnolents, avec des envies irrépressibles de dormir au cours de la journée. À l'occasion d'émotions, ils perdent parfois aussi le contrôle de leur tonus musculaire, ce qui peut entraîner des chutes par cataplexies. Il y a vingt ans encore ce diagnostic était méconnu et les patients attendaient parfois dix ans pour rencontrer un spécialiste. Le développement en France et partout dans le monde de réseaux de maladies rares du sommeil et de centres de référence a changé la donne. Depuis dix ans aussi, plusieurs nouveaux traitements ont été identifiés et les techniques d'enregistrement du sommeil de longue durée permettent d'adapter plus efficacement les traitements.

Mais sans avoir les critères de ces maladies du sommeil bien identifiées, de très nombreux adultes dans le monde continuent à se plaindre de « mauvais sommeil » (*poor sleep*). Et ce mot est comme un constat d'impuissance, car le « mal dormir » semble un reflet sociétal d'un mal-être, alors que le bon sommeil est au contraire un facteur exceptionnel de santé *sleep health*, quand il est bien maîtrisé.

Pour certains, mal dormir, ce sera un sommeil trop court sur les vingt-quatre heures (en général moins de cinq à six heures). Pour d'autres, c'est avoir un sommeil agité avec des réveils multiples et la difficulté pour se rendormir. Pour beaucoup, c'est se réveiller fatigué, avec une impression de sommeil non récupérateur. Mal dormir, c'est avoir ce type de problèmes plusieurs fois par semaine avec des conséquences dans la journée du lendemain, sans pour autant être touché par des pathologies graves et bien définies du sommeil comme l'insomnie et le syndrome d'apnées du sommeil.

Le syndrome de stress post-traumatique

Ce qu'on appelle syndrome de stress post-traumatique recouvre une grande diversité de situations qui ont en commun d'avoir provoqué « un avant » et « un après » dans l'équilibre psychologique d'une personne soumise à un traumatisme soudain et violent. Souvent ce choc est très visible et sa gravité concerne tout le monde. Un patient quarantenaire, gérant d'un petit supermarché, s'est fait agresser par un inconnu alors qu'il rangeait les poubelles de son magasin. Il est encore gravement déstabilisé plusieurs années après, n'a pas réussi à reprendre le travail et ne dort plus qu'avec des somnifères. Pour d'autres, le traumatisme semble enfoui et lointain, mais peut revenir à la surface à l'occasion d'un échec ou d'une situation difficile. Ainsi cette maman ayant perdu son fils adolescent accidentellement en montagne s'est cependant reconstruite en faisant son deuil. Mais plusieurs années plus tard, à l'occasion d'un conflit au travail, elle s'est retrouvée envahie de cauchemars répétés, de vertiges et de chutes. Certains abus sexuels dans l'enfance peuvent aussi revenir gravement perturber le sommeil et l'équilibre d'adultes qui ne se rappellent plus exactement des faits et hésitent à interroger leurs proches sur leurs souvenirs.

La fréquence et la gravité du « syndrome post-traumatique » sont particulièrement importantes chez les militaires impliqués dans des périodes de guerre. Nous avons tous en tête et parfois nous connaissons ces personnages fragilisés des films de guerre, revenus dans leurs familles sans pouvoir communiquer. Tel Tobey Maguire dans *Brothers* qui retrouve sa femme et son frère menant une vie paisible tandis qu'il est envahi de cauchemars et de crises d'angoisses. Tom Cruise dans *Né un 4 juillet* qui est atteint physiquement mais aussi mentalement à la suite de la guerre du Vietnam, même chose dans la saga des *Rambo*. Mais aussi l'histoire touchante de ces deux frères français de *Cessez-le-feu* avec Romain Duris, souffrant de manière invisible mais terrible, muré dans le silence, au cours des Années folles après sa guerre de 1914 dans les tranchées.

On parle de syndrome post-traumatique de guerre lorsqu'il survient après un combat prévu ou non, dans le cadre conflictuel d'une guerre, en OPEX (opérations extérieures), combat pendant lequel le soldat est confronté à la mort dans des conditions violentes de proches camarades, de victimes civiles ou de militaires ennemis. Même lorsqu'on est bien préparé psychologiquement, et en relativisant sa responsabilité dans la mort, ces événements sont toujours traumatisants pour des soldats dont la vie habituelle se passe dans le cadre légal et pacifié de nos pays occidentaux. Ce décalage entre la gravité de la mort de jeunes, ou des blessures cruelles, et le retour en famille au milieu des soucis anodins de leurs proches renforce ce sentiment d'irréalité et d'incompréhension. Émeric Saguin, médecin psychiatre et chercheur de notre équipe VIFASOM, s'est particulièrement dédié à comprendre et prendre en charge les troubles du sommeil liés à cet état de stress post-traumatique (ESPT). Il a d'abord compris qu'un mauvais sommeil préalable augmentait le risque de survenue d'un ESPT. Des militaires présentant déjà une insomnie, une privation de sommeil, un syndrome d'apnées du sommeil ont donc plus de risques de développer un EPST. D'où l'importance particulière de ne pas banaliser ces troubles chez les militaires en mission.

Parmi les altérations de l'architecture et des structures du sommeil décrites dans le syndrome post-traumatique, l'hypothèse physiologique de la fragmentation du sommeil paradoxal est très probable, avec en conséquence un possible dysfonctionnement de la mémoire émotionnelle.

Mais les victimes d'EPST sont particulièrement handicapées par des cauchemars répétés de reviviscence du drame et de la mort, qui peuvent revenir jusqu'à dix fois par nuit, réveillant le malade en sueur et le cœur battant. D'où leur crainte de s'endormir à nouveau, l'abus potentiel d'alcool, de drogues ou de médicaments peu efficaces sur ce symptôme. Il est probable que ces cauchemars reflètent une incapacité du sommeil paradoxal à intégrer cet événement dans le circuit normal de la mémoire. Chaque jour, nous vivons des centaines de rencontres et de micro-événements, d'impressions, d'affects. L'un des rôles du sommeil paradoxal, saccadé par les mouvements oculaires rapides, est d'intégrer ces événements plus ou moins loin dans notre mémoire, ce qui nous permet, lorsque les circonstances l'autorisent, de les retrouver associés à un nouvel événement les jours suivants. Les rêves ou cauchemars sont construits principalement lors du sommeil paradoxal. Ils reflètent ce mélange baroque où votre grand-mère peut dîner avec un collègue de travail, dans un de vos décors intimes, que ni l'une ni l'autre ne connaissent. Le traumatisme de guerre est trop violent pour passer cette barrière et c'est l'échec de son intégration qui se traduit par les cauchemars reviviscents et sans cesse répétés. Pour mieux connaître ces cauchemars et pouvoir les prévenir, et peut-être les guérir, Émeric Saguin a demandé à une quarantaine de militaires souffrant de cauchemars fréquents d'enregistrer leur sommeil à l'aide d'un bandeau souple à la maison et de porter aussi un bracelet évaluant les modifications du système cardio-vasculaire accompagnant ces cauchemars. Dès que le malade est réveillé par un cauchemar, il le signale en appuyant sur un bouton marqueur d'événement du bracelet. Il s'agit maintenant d'analyser les caractéristiques et de tenter de comprendre le déclenchement de plus de deux cents cauchemars enregistrés.

Mieux comprendre ces traumatismes de guerre permettra aussi de mieux repérer et traiter les victimes des autres traumatismes : accidents, agressions, violences, parfois méconnus des patients souffrant de cauchemars et d'insomnie chronique.

Mal dormir, un fait social mondial

Face à cette plainte de mauvais sommeil sur tous les continents au cours de la pandémie, nous avons proposé, avec six experts de médecine du sommeil exerçant dans des mégapoles, dont le mode de vie est finalement proche, des moyens de dépistage et de prise en charge communs. Avec Dalva Poyares de São Paulo, Fang Han de Pékin, Luigi Ferrini-Strambi de Milan, Makuto Uchiyama de Tokyo, Phyllis Zee de Chicago et notre équipe VIFASOM à Paris, nous étions aussi impressionnés de constater l'absence de préoccupation environnementale de nos mégapoles face à ce « mauvais sommeil ». Avec des hautes densités de population, des longs temps de trajet entre travail et domicile, des habitations exiguës et exposées au bruit et à la pollution lumineuse, à l'insécurité, au manque d'espaces verts et avec une pénurie d'installations sportives en libre accès, nous avons des conditions de vie et de sommeil très proches malgré les différences culturelles. Les habitants de ces mégapoles, et en particulier les jeunes, se plaignent de plus en plus d'un mauvais sommeil perturbé par des nouvelles anxiogènes, une inquiétude pour leur avenir en particulier environnemental, les conflits dans le monde. La crise de la pandémie du covid a eu des conséquences imprévues sur la vulnérabilité de personnes autrefois bien plus optimistes sur leur avenir.

Les effets secondaires du confinement

On mesure à peine les ravages psychologiques et comportementaux occasionnés par l'épidémie de covid en France comme dans ces autres pays. À l'occasion du deuxième confinement, au sein du groupe de chercheurs Coconel (COronavirus CONfinement Étude Longitudinale) dont j'étais l'expert sommeil, nous avons voulu évaluer à chaud quelles étaient les répercussions du confinement sur le sommeil des Français. L'enquête Coconel était réalisée par Internet par l'Observatoire de santé de la région PACA. Deux fois par semaine, un échantillon d'un millier de personnes, représentatif de la population adulte française, était interrogé avec un questionnaire couvrant divers aspects de la crise du covid. Les questions sur le sommeil ont été particulièrement détaillées lors de la seconde vague d'enquête.

Pendant la période de confinement, un taux impressionnant de 74 % des Français se plaignaient de troubles du sommeil, la semaine précédant l'enquête, dont 50 % « un peu » et 24 % « beaucoup ». Le confinement était à l'origine de leurs troubles pour plus de la moitié d'entre eux. Les femmes étaient plus touchées que les hommes, notamment dans les formes plus intenses affectant un tiers d'entre elles.

Un fait nouveau par rapport aux études réalisées dans les précédentes périodes, les jeunes adultes de 18 à 35 ans souffraient plus de leur sommeil que leurs aînés. Et pour 60 % de ces jeunes, c'est bien le confinement qui avait déclenché ce mauvais sommeil.

Cela suggère, comme on peut facilement l'imaginer, que les jeunes adultes ont été beaucoup plus vulnérables aux conditions particulières de cette période de confinement et de crise sanitaire. On comprend déjà à quel point il est difficile pour un jeune adulte de rester calfeutré chez lui et de ne pas pouvoir avoir de relations sociales et amicales avec les autres. Sans compter la limitation de l'activité sportive, le fait de ne pas pouvoir étudier, travailler ou jouer en direct avec ses proches. Il est probable aussi que la crainte d'un avenir bouleversé ait été plus forte chez eux que chez les adultes plus âgés, mais bien sûr aussi durement touchés.

Comme spécialiste, je comprends que ce type d'environnement nouveau a pu avoir un impact physiologique pathogène sur le sommeil. Le sommeil est une membrane de communication entre notre être intérieur, notre fonctionnement cérébral, notre pensée, nos émotions et notre environnement physique, social, familial, sociétal. L'appauvrissement de ce cadre peut gravement le perturber et l'empêcher d'assurer ses fonctions de régulations émotives et adaptatives par exemple. On sait combien le sommeil des détenus est fragile et gravement perturbé, ce qui entraîne la haute consommation de psychotropes en prison. Sans aller aussi loin bien sûr, le confinement s'est cependant rapproché d'un emprisonnement à domicile, une sorte de bracelet électronique de santé publique, dont le terme n'était pas fixé. Il en demeure une empreinte de possible dans de futures crises politiques, écologiques, sanitaires, une éventualité qui fait peur aux plus sensibles et vulnérables, et en particulier aux jeunes adultes.

Un fait significatif aussi : 16 % des Français déclaraient avoir pris des médicaments pour dormir au cours des douze derniers mois, dont 41 % depuis le confinement. Depuis des années, des campagnes de prévention et d'information des médecins généralistes avaient conduit les Français à limiter drastiquement ce recours aux médicaments, qui était depuis des années inférieur à 10 %.

Difficile en effet de conseiller le sport, le travail, la vie sociale, le grand air, les voyages… dans cette période de confinement. Le repli sur soi et sur son mobile a été bien souvent le recours choisi tant l'environnement psychologique était difficile et les craintes du quotidien hautement médiatisées.

Nous avons constaté que les médias, et en particulier les chaînes d'informations continues à la télévision, en ligne ou sur les réseaux sociaux, diffusant des images ou des statistiques inquiétantes, ont contribué de manière significative au développement des troubles du sommeil et anxieux lors de la pandémie et des confinements, pendant lesquels le temps passé sur les écrans a explosé. Il est vrai que les images d'enterrements détaillant les premiers morts en Italie, des services d'urgence ou de réanimation débordés sont restées dans nos mémoires. Ainsi que l'attente radiophonique du comité vespéral du ministère de la Santé énonçant chaque soir le nombre de morts et les taux d'infection par régions. Sans compter les interventions hautement anticipées du Conseil scientifique, de la direction générale de la Santé, du Premier ministre, qui en a même perdu ses lunettes, et du président, comme en concurrence pour ne pas perdre une miette d'autorité sur les Français. Et les dernières semaines, les images des trains spéciaux équipés avec leurs pieds à perfusion et diffuseurs d'oxygène en gros plans censés désengorger les services des grandes villes.

Pouvait-on faire autrement pour accompagner les Français dans cette pandémie ? On peut le penser avec le recul, mais la gestion médiatique de l'actualité est bien sûr très complexe.

Le dispositif Coconel a permis d'évaluer l'impact de ces pics médiatiques sur les troubles du sommeil des Français en construisant un score d'« exposition médiatique (EM) », tenant compte du nombre de journaux lus et vus et du temps passé sur les écrans. Un autre score de « peur liée à l'exposition médiatique (FEM) » reflétait la vulnérabilité et la sensibilité des personnes à ces messages médiatiques. L'analyse de ces scores fait un lien impressionnant entre les moments clés de l'information sur l'épidémie et le développement de l'anxiété et de l'insomnie au cours de la pandémie.

Nous ne sommes pas sortis de cette période critique qui a fragilisé durablement les étudiants, les personnes âgées, les personnes seules et vulnérables, mais aussi ceux dont le travail a été d'un jour à l'autre remis en question, considéré comme facultatif : artistes, commerçants, fonctionnaires, artisans, employés des cafés et des bars, employés du secteur touristique, personnel d'entretien des grandes tours de La Défense et des grandes villes désertées, employés des aéroports et des compagnies aériennes. Tous portent comme une empreinte traumatique cette période de covid dont nous sommes enfin sortis, mais en gardant le sentiment que le retour à une autre épidémie, à une guerre, à une catastrophe n'est pas impossible.

Éco-anxiété et mauvais sommeil

Le terme d'éco-anxiété, notion ô combien d'actualité, a été proposé par Véronique Lapaige, une chercheuse en santé publique canadienne, pour refléter le mal-être, l'anxiété, la culpabilité ressentis par certaines personnes face au dérèglement climatique et aux menaces environnementales : catastrophes naturelles, cyclones, sécheresse, disparition d'écosystèmes, pollution des océans, déforestation, disparition d'espèces animales, végétales, de paysages.

Les liens réciproques entre éco-anxiété et mauvais sommeil décrivent à nouveau à quel point nous sommes sensibles au cours du sommeil à un environnement non seulement réel mais aussi perçu. Une enquête de l'Institut national du sommeil et de la vigilance de 2023 confirmait cette éco-anxiété dans la population française : près de sept Français sur dix se disent inquiets pour les générations futures. Les personnes déjà anxieuses se sentent encore plus concernées, tout comme les personnes qui ont un mauvais sommeil ou qui font des cauchemars. Autour de cette préoccupation pour la planète tout à fait légitime se développe une vraie transformation des personnes les plus sensibles qui finissent par développer une maladie anxieuse qui se nourrit des informations diffusées par les réseaux sociaux. Tout devient irrationnel et contribue à nourrir l'inquiétude et l'impuissance. Je rencontre aujourd'hui fréquemment en consultation ces personnes hypersensibles à l'environnement, qui se voient envahies au moment de l'endormissement par des images négatives de pollution ou de déchaînement climatique. Nous développons des techniques inspirées de la sophrologie pour tenter de les remplacer par de belles images paisibles, associées à des sensations de plaisir, travaillées par la respiration et certaines musiques.

Mal dormir, un risque de santé publique méconnu

Parmi les conséquences sociétales du mal dormir, certaines engendrent une erreur grave conduisant à un accident spectaculaire. Nous avons évoqué l'implication du mauvais sommeil dans des grandes catastrophes liées à la privation de sommeil comme le naufrage de l'*Exxon Valdez*, l'accident de la navette *Challenger*… Mais c'est aussi sur le plan individuel que le mauvais sommeil peut avoir des conséquences sévères et représenter un manque de chance, qui est pourtant mal connu des politiques de santé publique. « Bien manger, bien bouger » sont en effet, et à juste titre, deux règles de prévention diffusées largement et appliquées à la diversification de l'alimentation du primaire au lycée ainsi que dans les entreprises. Des campagnes d'information et d'incitation de Santé publique France encouragent aussi à faire du sport et à bouger, à marcher, à se lever de son fauteuil, à compter ses pas pour prévenir les maladies métaboliques et cardio-vasculaires. Nous souhaiterions y associer « bien dormir » car le mauvais sommeil dans la durée a des conséquences reconnues sur ces risques.

Le risque métabolique

Mal dormir et le risque métabolique sont en effet clairement associés. Mais comment ?

C'est d'abord la quantité de sommeil qui l'explique. Dormir moins de six heures par vingt-quatre heures ne laisse pas un temps suffisant au sommeil lent profond pour effectuer son rôle de régulation énergétique. En effet, c'est au cours du sommeil que la température interne de notre corps baisse de 1 °C, permettant à l'organisme, grâce à la sécrétion d'hormones comme le cortisol, l'hormone de croissance, la ghréline, la leptine… d'influencer les réserves énergétiques apportées par l'alimentation pour maintenir une température constante dans notre corps toute la journée, aux alentours de 37 °C. Nous savons bien que lorsque nous avons de la fièvre, il nous est impossible de bien fonctionner. De même, si notre température chute, nous rentrons dans une sorte de torpeur, puis d'hibernation. Le rôle énergétique du sommeil est donc indispensable à notre équilibre homéothermique quotidien, mais il prend du temps. Si nous ne dormons pas suffisamment, les apports énergétiques ne sont pas assez dégradés et nous prenons du poids, puis nous pouvons développer une obésité et/ou un diabète type 2. Les études épidémiologiques dans les grandes populations nous apprennent que dormir moins de six heures est associé à un risque cinq fois plus élevé d'obésité et trois fois plus élevé de diabète de type 2. Notre température dans la journée n'est pas stable et nous alternons frissons et bouffées de chaleur que nous essayons de contrôler en grignotant ou en buvant excessivement et à n'importe quel moment du café, du thé ou des boissons sucrées.

C'est aussi la fatigue dans la journée, liée au manque de sommeil, qui explique la prise de poids et le risque d'obésité. Lorsqu'on n'a pas assez ou mal dormi, on manque d'énergie et on n'a pas ou peu envie de bouger. On préfère la voiture ou le vélo électrique au vélo simple ou à la marche. On a tendance à rester enfoncé ou allongé dans son canapé sans bouger. On a la flemme d'aller faire du sport. On n'a aussi tout simplement pas envie de faire autre chose que la routine, pas envie de faire la cuisine. Et pendant qu'on reste assis, on grignote des chips et on boit des sodas sucrés tout en regardant son écran pour lutter contre la fatigue.

On peut ainsi prendre du poids, même en quelques jours, si la privation de sommeil est importante. Comme beaucoup de mes collègues médecins chercheurs, je me suis ainsi rendu compte que, lors de nos voyages pour des congrès aux États-Unis, où nous partions souvent juste quelques jours en dormant très peu en raison du décalage horaire, nous étions en outre confrontés à cette habitude qu'ont les Américains de proposer des buffets ouverts pour les déjeuners et dîners. Contrairement à mes habitudes alimentaires, j'y revenais plusieurs fois pour remplir mon assiette, en particulier pour les délicieux et généreux petits déjeuners. Et on prend ainsi quelques kilos qu'il faut soigneusement reperdre en rentrant…

Cette prise de poids en quelques jours, nous l'avons aussi observée chez nos volontaires sains, souvent des jeunes en très bonne santé, que nous étudions dans les protocoles de restriction de sommeil au sein de l'unité de recherche VIFASOM. Dormir trois heures par nuit pendant quatre à cinq jours peut provoquer une prise de poids de quelques kilos si on ne contrôle pas soigneusement l'exercice physique et la qualité nutritionnelle de l'apport alimentaire.

Les applications de ces recherches dans la vie quotidienne sont multiples. Je pense en particulier aux mamans qui ne parviennent pas à retrouver leur poids après une naissance, tant leur sommeil est perturbé par le bébé, vivant comme une grande épreuve ces premiers mois de vie qui devraient être sereins.

Je pense à cet ami, que je n'avais pas revu depuis dix ans et dont on savait les succès professionnels dans la finance, mais aussi le rythme infernal de travail. En le rencontrant l'été dernier, je ne le reconnais pas, il a pris 30 kilos, ses yeux sont rouges, il souffre de douleurs articulaires et ne fait plus de sport, lui qui courait trois fois par semaine. « Difficile de dormir, tu sais, me dit-il, ma famille vit à San Francisco et ma boîte est à Chicago, on est en décalage de trois heures. Tous les week-ends, quand je rentre pour dîner, il est déjà minuit pour moi, je me couche à 3 heures du matin et le dimanche je repars à 17 heures pour reprendre le travail tôt le lendemain. Oui, je voyage beaucoup, une à deux fois en Asie par trimestre, et les réunions du comex (comité exécutif) à Paris tous les deux mois. Mais c'est top, tous les hôtels me connaissent. Je n'ai pas besoin de demander, j'ai toujours la même chambre, quand j'arrive je m'écroule. Mais je me suis fait peur deux trois fois avec les voitures de location, pas besoin de donner mon permis, j'ai un code et je suis toujours upgradé. Mais de plus en plus souvent, j'ai besoin de vérifier où je suis car parfois je me retrouve sur l'autoroute et je ne suis plus bien sûr. Une fois je me suis endormi au volant et bang… plus de voiture… On m'a conseillé de prendre des taxis mais c'est plus long. »

Sommeil des jeunes enfants, souffrance des jeunes parents : un calvaire silencieux

Nombreux sont ceux qui, parmi les jeunes et heureux parents de petits enfants, souffrent d'un calvaire méconnu : le mauvais sommeil ou plutôt l'absence de sommeil de leurs enfants. J'ai aussi rencontré en consultation une famille à qui tout semblait réussir, les deux parents, ayant fait des écoles de commerce, étaient sportifs et souriants, ils avaient une petite fille gaie et active, puis sont arrivées coup sur coup les années suivantes deux nouvelles filles qui ne parvenaient pas à dormir la nuit. L'aînée s'est mise aussi à se réveiller, pleurs et conciliabules, cauchemars et cris les réveillaient en pleine nuit. Puis la troisième arrivée s'est mise à se réveiller en hurlant le plus souvent vers 3 ou 4 heures du matin, réveillant les autres enfants et les parents. En quelques semaines, les parents n'étaient plus que l'ombre d'eux-mêmes, tristes, anxieux, accumulant les soucis matériels. Semblant dépassés par leur tâche, facilement irritables avec leurs enfants et entre eux. Ils ont finalement choisi d'emménager dans une maison plus grande et ont pris une chambre à un autre étage que leurs enfants, retrouvant ainsi leurs nuits. Cette anecdote montre combien le sommeil des jeunes enfants peut déboussoler l'équilibre des parents et finalement de toute la famille.

Il faut d'abord comprendre que le nouveau-né a un sommeil de seize à dix-neuf heures par vingt-quatre heures et que son horloge biologique n'est pas encore mature. Il est donc inutile de chercher à influencer ses horaires dans les trois premiers mois. Mais, à 6 mois, le nourrisson ne dort normalement plus que quatorze ou quinze heures et doit dormir en priorité la nuit. Il est donc important de le caler sur un temps de sommeil maximal la nuit et de réguler le sommeil de jour.

La lumière et le calme ont ici un rôle prépondérant. Dans la journée, il ne faut pas fermer les rideaux quand bébé dort car il continue à capter la lumière à travers ses paupières et est très sensible aux bruits de la journée qui ont tendance à l'éveiller. La nuit il faut par contre éviter toute lumière dans sa chambre et l'isoler le plus possible du bruit.

La relation entre nourrisson et parents se développe significativement au moment des premiers pleurs de la nuit. C'est normal que le bébé se signale ainsi lorsqu'il se retrouve dans le noir, sans bruit et ayant faim. Pas facile non plus de la part de la maman si elle allaite ou du papa de ne pas manifester son émotion, sa fatigue en étant éveillé en pleine nuit. Mais il faut savoir rester mesuré car un enfant, comme un adulte, ne peut se rendormir que seul. Il doit s'apaiser seul pour retrouver le sommeil et ce n'est pas en le berçant, en le prenant dans les bras, en le nourrissant trop qu'il va y parvenir. Certains parents projettent leur anxiété sur leur bébé en se levant au moindre bruit, développant une culpabilité s'ils retrouvent la couche de leur enfant sale dans la nuit ou s'ils s'aperçoivent qu'ils ont dormi une nuit sans entendre leur enfant. Un juste milieu est nécessaire, en particulier si l'enfant est malade. Mais, au bout de quelques mois, le bébé devrait être tout à fait autonome dans son sommeil et dans son éveil le matin.

Une étude réalisée en 2023 auprès de 500 parents britanniques par la marque de soins pour enfants Silentnight révèle que les parents manqueraient d'environ quatre heures trente de sommeil chaque nuit et se lèvent en moyenne 975 fois par an, la nuit, pour s'occuper de leur enfant, soit en moyenne trois fois par nuit. On comprend alors l'épuisement des parents qui doivent ensuite assumer des journées de travail dans un contexte de dette chronique de sommeil.

Il est urgent d'agir si vous vous trouvez dans une telle situation. Faites appel au pédiatre, à votre généraliste, à une psychologue et revenez à des rapports normaux en parlant avec l'enfant qui comprend les conflits très rapidement, y compris ceux entre les parents à son sujet, et dont le sommeil sera d'autant meilleur dans l'avenir qu'il trouve par lui-même le moyen de s'endormir et se rendormir.

Et si mal dormir était aussi un facteur méconnu de discrimination sociale ?

Pour un droit au repos

En 2016 dans un rapport demandé par le think tank Terra Nova : *Retrouver le sommeil, une affaire publique*, nous écrivions, avec Dalibor Frioux, Jean-Pierre Giordanella, Thibaut de Saint Pol et les autres rapporteurs de ce groupe de travail, un message qui est toujours brûlant d'actualité et que je me permets de reproduire ici :

> « Comme tant d'autres sujets de société, le sommeil est ordinairement tenu pour anecdotique, relevant de l'intime, des petits plaisirs ou désagréments de la sphère privée. Dans nos sociétés performantes, chacun est, explicitement ou tacitement, invité à faire de son sommeil une variable d'ajustement, quand bien même un "droit au repos" est légalement reconnu aux travailleurs. C'est que l'injonction à la performance a largement

débordé la sphère professionnelle pour gagner l'ensemble des activités personnelles (formation, santé, vie familiale, loisirs, développement personnel, engagements associatifs ou politiques). Économie de l'attention, qui tire son profit de la réactivité et de l'audience mesurées et tarifées. Les loisirs numériques, la compétition internationale des mégapoles, les réseaux sociaux, la privatisation de l'espace public concourent à faire du sommeil l'ultime frontière à repousser pour parvenir, au nom de la modernité et de la liberté individuelle, à une société fonctionnant à pleine puissance vingt-quatre heures sur vingt-quatre et sept jours sur sept. »

Si la décision de dormir est éminemment personnelle, les conditions d'un bon sommeil sont largement conditionnées par l'environnement physique, culturel et social. Promouvoir des mesures afin de protéger le sommeil, ce n'est pas opposer la passivité à l'activité, la pureté de la nuit à l'impureté du jour, c'est surtout protéger la qualité de présence de chacun dans la société, le respect que chacun porte à autrui, la capacité à se réaliser soi-même, une forme d'égalité devant un besoin physiologique essentiel et, au-delà d'une écologie du bien-être, le respect des équilibres écologiques fondamentaux sur notre planète.

Ce rapport, s'il a été bien accueilli et a permis de prendre conscience des enjeux, n'a pas été suivi d'initiatives. Parmi les victimes des transformations sociétales liées à la société 24/24, certaines sont plus vulnérables. Ce sont celles exposées au cumul des risques, éloignement du lieu de travail imposant de longues heures de transport, exposition au bruit, à certaines pollutions atmosphériques, exiguïté des lieux de vie, climat d'insécurité, surexposition aux réseaux sociaux et aux médias qui tous impactent le sommeil. De la même façon qu'il a été observé que le surpoids et l'obésité étaient le reflet d'une certaine discrimination sociale, je pense que le mauvais sommeil touche aussi plus fortement les milieux économiquement défavorisés. Il faudrait en fait leur dédier des politiques de santé publique sur le sommeil comme :

- favoriser la formation et l'éducation des collégiens et lycéens sur le sommeil ;
- faire des campagnes grand public de Santé publique France sur le plaisir de dormir ;
- encourager la sieste au travail ;
- réduire la pollution lumineuse et le bruit nocturnes ;
- proposer des fonds dédiés aux rénovations des chambres des logements sociaux vieillissants…

Le sommeil des SDF

Les seuls qui dorment d'un sommeil agité dans nos villes, en pleine journée, sont les sans domicile, entourés d'indifférence et de culpabilité, en pleine frénésie du métro et des métropoles, perdus dans l'attente d'une vraie nuit sans sommeil qu'ils rattrapent par morceaux volés dans la journée.

Aujourd'hui en effet, dans quelques pays européens et occidentaux il est rare que même les plus démunis ne trouvent pas à manger ou de quoi s'habiller. Même les soins leur sont souvent accessibles et gratuits, parfois bien sûr après bien des obstacles. Mais dormir à l'abri est l'un des biens les plus rares et difficiles, tant sont déjà remplis les hébergements d'urgence et les hôtels sociaux pleins. On estime en ce moment à 220 000 places l'hébergement d'urgence dans la région Île-de-France et

1 million en France. Pourtant 3 500 personnes dormiraient à la rue chaque nuit dans Paris.

En 2016, avec Santé publique France et l'Institut national d'épidémiologie et démographie (INED), nous avons voulu enquêter sur le sommeil des sans-abri (fréquentant des sites offrant des repas gratuits, associés à des services d'assistance sociale et médicale, et dans des villes françaises de plus de 20 000 habitants) auprès de 3 453 personnes, 2 068 hommes et 1 385 femmes, âgés en moyenne de 40 ans. Au moment de l'enquête, 197 répondants vivaient dans la rue, 447 dans des abris collectifs de courte durée (logement pour moins d'une semaine), 1 320 dans des abris collectifs de longue durée (logement pour plus d'un mois), 240 dans de petits hôtels payés par les services sociaux et 1 249 dans des installations individuelles (une ou deux chambres pour les personnes sans domicile fixe avec enfants). Nous avons comparé les sans-abri à des témoins appariés selon l'âge, le sexe et le lieu de résidence dans le cadre du Baromètre santé.

Les personnes sans-abri dormaient significativement moins que les autres (six heures trente et une minutes *vs* sept heures neuf minutes). Parmi les sans-abri, 8 % ont même déclaré avoir dormi moins de quatre heures au cours des vingt-quatre dernières heures, contre 3 % de la population générale. L'insomnie a été signalée par quatre sans-abri sur dix contre deux témoins sur dix. Le temps de sommeil diurne n'était en moyenne que de trente minutes par jour, mais un tiers des sans-abri se plaignaient de fatigue diurne, contre 15 % de la population générale. Parmi les personnes sans domicile, un quart déclarait prendre régulièrement un médicament pour dormir contre 15 % des témoins.

Notre enquête montre que, en France, les sans-abri dorment moins et sont plus susceptibles de souffrir d'insomnie et de fatigue diurne que les personnes de la population générale. Nous pensons que l'amélioration du sommeil mérite plus d'attention dans ce groupe vulnérable et serait susceptible d'améliorer la vigilance, la santé et la capacité à faire face aux tâches quotidiennes. Nous soutenons fortement les stratégies, autres que les agents hypnotiques, pour améliorer le sommeil des sans-abri, y compris un contrôle plus attentif du bruit, de l'éclairage, du chauffage et de l'air conditionné pendant la nuit dans les logements précaires. Les établissements pourraient fournir aux résidents des aides au sommeil, telles que des bouchons d'oreille, des masques pour les yeux et des oreillers. Des protections entre les lits pourraient offrir un certain sentiment d'intimité, même dans les dortoirs collectifs, et la prise en compte des questions de sécurité personnelle devrait favoriser un meilleur sommeil. Dans l'idéal, les centres d'hébergement devraient proposer des chambres individuelles, mais les abris collectifs pourraient être mieux organisés, avec une architecture et des horaires spécifiques pour favoriser le sommeil.

Ainsi, il faut souligner que le mal dormir n'est pas une fatalité, même si la privation de sommeil n'est pas souvent identifiée comme un facteur de précarité ou un marqueur d'inégalités. En tant que chercheur et clinicien, j'ai pu mesurer à quel point il est possible de retrouver de bonnes nuits de sommeil avec des méthodes simples et validées comme les thérapies cognitives et comportementales de l'insomnie. Certaines personnes insomniaques depuis plus de dix ans retrouvent enfin le plaisir de dormir.

CHAPITRE 6

Surmonter le 24/24-7/7

Alors, comment faire face, individuellement et collectivement, à ces rythmes de nuit, intenses, décalés, à cette confrontation personnelle, intime et bouleversante, à cette tornade du 24/24-7/7 (vingt-quatre heures sur vingt-quatre, sept jours sur sept) ?

Réguler le travail de nuit

Lorsque nous avons souligné avec l'ANSES en 2016 les risques sanitaires du travail posté et de nuit : troubles du sommeil et de la vigilance, risque accidentel, risque métabolique d'obésité et de diabète de type 2, risque cardio-vasculaire (hypertension, infarctus, accident vasculaire cérébral), risque de cancer du sein, risques pour la grossesse chez la femme travaillant de nuit ou en posté, nous avons aussi souligné les éléments de prévention qui permettent de diminuer, sans les éliminer complètement, ces risques.

Organisation collective du travail de nuit

Sur le plan de l'organisation du travail, sans entrer dans les détails techniques, il est plus équilibré de préférer des rythmes intermédiaires (semblables aux rythmes de semaine), une rotation dans le sens des aiguilles d'une montre et des horaires de changements de rythme qui tiennent compte de la vie familiale et sociale des employés et du temps de trajet. Les entrepreneurs et les responsables de ressources humaines doivent aussi se montrer attentifs pour éviter de faire travailler deux groupes de salariés dont le cœur de nuit (de 2 à 5 heures) serait perturbé.

C'est aussi important de prendre soin de l'environnement de travail des personnes travaillant la nuit : réduire le bruit, la température excessive, si possible éclairer le mieux possible les lieux de travail (avec une lumière blanche enrichie en bleu) en début de poste de nuit, puis réduire l'intensité lumineuse dans la seconde partie de nuit.

Permettre l'accès à une restauration collective, même si ce ne sont pas des plats chauds, mais avec la possibilité de les réchauffer, installer des salles de sieste à la place des cafétérias bruyantes et fatigantes. Favoriser le lien social et culturel avec les équipes de jour. Maintenir une médecine du travail attentive au risque et exerçant une surveillance médicale ou par les infirmières du travail au moins une fois par an.

Organisation individuelle et hygiène de vie

À titre individuel, c'est régulièrement que je m'adresse à des groupes de travailleurs postés et de nuit avec mon équipe.

Avec l'École médicale du sommeil, nous donnons des conseils de vie, mais surtout des exercices pratiques qui visent à contrecarrer les effets sanitaires du travail de nuit.

Survivre au travail de nuit

Veiller à son quota de sommeil. Comme il est très difficile de dormir en une fois sept heures, essayez de compléter votre épisode principal par plusieurs siestes jusqu'à atteindre au moins sept heures par vingt-quatre heures.

Aménager son espace de sommeil. Prenez soin de votre chambre et de votre lit pour en faire des endroits plaisants ou on se sent bien, même si c'est difficile d'y dormir. Beaucoup de travailleurs de nuit reviennent chez eux et se retrouvent dans un local étroit, avec le lit défait par leur conjoint, non aéré et encombré d'objets qui n'y sont pas utiles. La chambre doit être accueillante et bien aérée, le lit large et de bonne qualité, régulièrement changé, les rideaux doivent pouvoir faire le noir complet dans la chambre. Les objets inutiles ou appareils électroniques ou numériques évités. La baisse de température favorise la survenue du sommeil, c'est ainsi qu'une douche fraîche prise juste avant de se coucher ne va pas stimuler, mais au contraire détendre et favoriser l'endormissement.

Réguler son exposition à la lumière. Éviter de s'exposer à la lumière avant de se coucher et si possible portez des lunettes de soleil lorsqu'on sort après avoir travaillé la nuit un matin d'été. Au contraire : bien s'exposer au soleil ou à la lumière du jour, les heures avant d'aller travailler. Cela permet d'adapter l'horloge biologique aux nouveaux horaires.

Miser sur l'exercice. Pour une meilleure adaptation de l'horloge et pour la prévention des risques métaboliques et cardio-vasculaires, nous conseillons aussi une activité sportive régulière, si possible après le réveil ou dans les heures qui précèdent le travail.

Planifier son alimentation. Travailler la nuit demande un équilibre de vie souvent très strict parce que les repas sont aussi très décalés par rapport à ceux des proches. Le mieux est un repas plus riche et comprenant des protéines et des sucres lents avant de travailler, une collation sucrée avant de se coucher et un repas plus riche en fruit et légumes à la mi-journée.

Vis-à-vis des professionnels

L'attitude a longtemps été d'ignorer les contraintes : « ça passe ou ça casse », « on en a vu d'autres », « on n'est pas des mauviettes »... Et en effet, en dehors de la préparation physique, on ne donnait pas de conseils particuliers aux soldats qui ont été parachutés sur l'Europe la nuit au cours de la Seconde Guerre mondiale. Chacun pour soi avec la peur au ventre et l'éclairage en pleine face dans l'avion de transport. Pas de conseils aux pompiers entassés dans des dortoirs des heures durant avant d'aborder l'épreuve d'un feu à 3 heures du matin. Pas de conseils aux internes de garde aux urgences, d'une petite pause avant le vingt-sixième patient de la nuit, qui arrive en souffrance face à une équipe décalquée, et qui va avoir la décision de passage au bloc à prendre, en réveillant des chirurgiens tout aussi ensommeillés. « C'est comme ça, on n'a pas le choix, on ne choisit pas son heure, on l'a fait avant toi. » Pas de conseils aux pilotes de chasse, aux contrôleurs aériens, aux commandos au fin fond du désert, aux équipages des sous-marins nucléaires plongés pendant six semaines sans contact avec l'extérieur. Chacun le faisait « à la louche », selon son expérience ou prenait ses comprimés perso en douce, « des vitamines... rien de plus ».

Les temps ont heureusement changé et, avec notre équipe VIFASOM, nous sommes très souvent interrogés depuis dix ans pour anticiper et préparer des professionnels soumis à ce type de rythmes de crises : gendarmes du GIGN, pilotes du *Charles-de-Gaulle*, commandos parachutistes, policiers du RAID, pompiers de Paris et de France, équipages des sous-marins nucléaires, mais aussi réanimateurs et urgentistes, contrôleurs aériens, pilotes d'hélicoptères de secours, personnel des autoroutes, et aussi bien des cellules de crise politiques et sanitaires et des cabinets des ministres au cours du covid.

Nos recommandations et les conseils que nous donnons reposent sur les études que nous avons réalisées ces dernières années sur des volontaires privés de sommeil chez lesquels nous avons mesuré les conséquences biologiques et psychologiques de la privation aiguë et chronique de sommeil et proposé des contre-mesures.

Préserver son sommeil et son énergie face à la tornade du 24/24-7/7

Ce que j'appelle la tornade du 24/24-7/7 ne touche plus seulement des personnes dont le métier est lié à la sécurité, aux urgences : l'armée, les pompiers, les réanimateurs, le SAMU, les spécialistes des crises climatiques ou politiques, mais de plus en plus d'individus vulnérables et hyperconnectés qui ne parviennent plus à reprendre un rythme jour-nuit tant leurs liens virtuels les entraînent dans le rythme de la planète « *that never sleeps* ». Différentes stratégies peuvent être mises en œuvre pour faire face à la dette de sommeil chronique.

L'extension de sommeil

C'est-à-dire faire des provisions de sommeil avant une période difficile ou une compétition. C'est une stratégie que j'avais observée lors du premier Tour de France à la voile (TFV), que nous avons accompagné et où nous nous occupions de quatre équipages de grandes écoles. Le TFV se passe l'été, sur la côte atlantique puis en Méditerranéenne, et comprend huit régates. Il est bien tentant, on le comprend, pour les équipages de se détendre et faire la fête le soir au port entre les régates. Mais deux des équipages, dont nous observions le sommeil, étaient beaucoup plus sérieux et motivés que les autres. Et celui qui allait gagner la course avait même décidé de dormir plus que d'habitude, pour être plus en forme les jours suivants. Ainsi, la veille et l'avant-veille de chaque régate, les 8 jeunes étudiants marins en ciré jaune se couchaient à 22 heures dernier carat et se levaient à 8 heures accumulant ainsi dix heures de sommeil contre une durée habituelle de sept à huit heures. Résultat : des gars se sentant en pleine forme pour wincher et skipper et avec le minimum de fautes de quarts les jours suivants, y compris aux heures extrêmes, et la coupe à la fin de la course et surtout un minimum de blessures.

Nous avons alors testé cette méthode, au laboratoire, chez des volontaires privés de sommeil (ne dormant que trois heures par nuit pendant quarante-huit heures) et soumis à des exercices physiques et intellectuels, dont les réponses étaient très dégradées. Mais dans le groupe, ceux qui avaient été préalablement soumis à une extension de sommeil, restant dix heures par nuit au lit les quarante-huit heures précédant la privation, résistaient beaucoup mieux à la privation que les autres avec une bien meilleure résistance physique et des performances cognitives moins altérées, moins de douleurs et de blessures.

C'est un conseil que nous donnons aux sportifs de haut niveau avant compétition et aux militaires avant opération. Les jours d'avant, dormez le plus que vous pouvez, pour faire des provisions de sommeil qui vont porter leurs fruits quelques jours. C'est bien sûr un conseil que l'on peut donner à tout un chacun dans la population générale : si vous avez un examen, ou un enjeu professionnel difficile, une épreuve sportive sélective, une performance, un concert à donner : dormez autant que possible les deux nuits précédentes. Cela optimise la performance et diminue le risque de blessures ou de fautes.

La luxthérapie

Il s'agit de l'utilisation de lumière, blanche ou enrichie en bleu, de forte intensité supérieure à 1 000 lux. Elle est en particulier utile dans toutes les situations avec décalage horaire de type jet-lag. Comme nous l'avons évoqué, au cours de la nuit, le taux de mélatonine est élevé dans notre cerveau et dans notre corps, ce qui nous donne envie de dormir profondément. L'exposition à des lumières intenses, même pendant des courtes durées de type flash, permet à la fois de diminuer le taux de mélatonine et de stimuler directement le cerveau, *via* les voies qui vont de la rétine à l'hypothalamus, et ainsi de stimuler l'éveil pendant quelques minutes. La plupart des navigateurs et de nombreuses équipes sportives, sur nos conseils, embarquent maintenant des lampes dans leur cockpit ou dans leurs bagages pour résister à la somnolence lors des manœuvres nocturnes et s'adapter plus rapidement au décalage lors des championnats internationaux.

Mais ce sont aussi des artistes, solistes et hommes d'affaires qui gèrent le décalage horaire avec la lumière. Les lampes bleues sont les plus efficaces, mais il faut éviter de s'y exposer directement car leur intensité peut altérer la rétine. Les plus organisés d'entre eux, comme Jean-Pierre Dick ou plus récemment Charlie Dalin, ont installé un éclairage de leurs tables à cartes à lumière vive, leur permettant de se concentrer et se restimuler quand il faut prendre des décisions difficiles en pleine nuit. Plus anecdotique, mais ressenti comme très efficace, les joueurs de l'AS Monaco ont installé, sur les conseils du docteur François Duforez, des salles de lumière et même des douches en pleine lumière blanche pour sortir stimulés, éveillés sur le stade lors des matchs tardifs dans la journée. Nous avons aussi utilisé la lumière avec succès pour l'équipe Pescarolo Courage aux 24 heures du Mans, permettant aux pilotes engagés la nuit d'être plus éveillés et de moins risquer de faute de conduite. La lumière a plutôt un effet sur le court terme et rien ne sert de s'exposer plusieurs heures. Elle se voit de loin et ne peut pas être utilisée par les troupes en commando, sauf parfois sous la forme de lunettes de luxthérapie plus discrètes, éclairant directement la rétine.

Pour tout un chacun, s'exposer à la lumière bleue dans l'avion avant de débarquer de nuit ou en jet-lag permet une meilleure vigilance à l'arrivée. Et l'utilisation d'une lampe de luxthérapie au bureau peut être recommandée pour les personnes du soir qui ont du mal à sortir du sommeil le matin, ou qui travaillent dans des locaux aveugles, à l'abri de la lumière.

Le bon emploi est de se mettre à environ 30 centimètres en face de la lampe et de lire ou faire une autre activité sans fixer directement la lampe, en laissant juste la lumière pénétrer par les voies visuelles.

La caféine

Le café est la plus accessible et la plus utilisée des molécules éveillantes. Sa disponibilité, sa qualité, sa convivialité, sa simplicité d'utilisation en font l'un des produits les plus consommés de la planète avec 2,5 milliards de tasses par jour, même si c'est le thé dont les qualités sont proches (la théine est en effet identique à la caféine) qui domine en Orient. En France, plus de 90 % des adultes consomment du café avec une moyenne de 5,4 kg/an. Le plus souvent, le café est consommé pour ses propriétés éveillantes et stimulantes plus que pour son goût. En effet le pic de consommation est vraiment le matin. La majorité des amateurs de café dans le monde prennent leur première tasse le matin, souvent au petit déjeuner, pour bénéficier de la stimulation de la caféine dès le début de la journée, notamment pour un tiers d'entre eux qui ont un réveil difficile avec ce qu'on appelle scientifiquement l'inertie du sommeil, et qui correspond à cette sorte de brouillard qui suit une bonne nuit de sommeil et qui empêche d'avoir les idées claires pendant trente à soixante minutes. Mais l'heure la plus efficace de la matinée pour profiter de l'effet stimulant du café serait deux heures après le lever, au moment où notre pic de sécrétion de cortisol lié au réveil commence à décliner.

Puis l'après-midi, bien sûr. Une grande partie des adultes ne peuvent pas tenir leur attention après le déjeuner sans une tasse ou deux de café, pour un regain d'énergie pour faire face au creux d'hypovigilance de la mi-journée, dont le rationnel physiologique n'est pas clair, mais qui nous porte plus vers la sieste que vers la concentration. J'ai eu comme beaucoup d'enseignants ou de conférenciers l'expérience de présentations faites en début d'après-midi, devant des amphis pour lesquels, malheureusement, la machine à café était défectueuse. C'est impressionnant de voir les étudiants ou auditeurs lutter contre le sommeil, bâiller, dodeliner de la tête, alors qu'avec le café l'attention et l'interaction sont tout autres. On mesure mal le rôle social déterminant du café dans l'apprentissage et la transmission d'informations.

Mais les entreprises l'ont bien compris et toutes sortes de cafés sont proposés, très souvent gratuitement, où à des prix très accessibles, à proximité des open spaces, des centres d'appels. Même les start-up si attachées au bien-être ne manquent pas de participer à la culture du café, installant entre le baby-foot et la salle de sieste une petite cuisine avec salades bios et machine à café italienne permettant de se faire à volonté pendant la journée double expressos, cappuccinos et cafés latte. Le café au travail revêt en effet une grande importance dans le réseau d'informations échangées de manière informelle. La rencontre autour de la machine à café étant souvent le lieu principal de conversation de travailleurs à la tâche individualisée ou en open space et restant très isolés les uns des autres, et plus encore depuis le puzzle des agendas institué par le télétravail.

Dans la soirée, le café devient plutôt la boisson festive de ceux qui veulent prolonger la nuit, notamment avec les expressos d'après le dîner, une pratique courante en Italie et en Espagne, mais qui ne peut être assumée que par ceux qui ont un excellent sommeil, les autres se retournant vers le déca. Certaines études épidémiologiques ont montré que, paradoxalement, les grands buveurs de café rapportaient un excellent sommeil. Mais ne nous y trompons pas : ce n'est pas le café qui facilite leur bon sommeil. C'est parce qu'ils sont excellents dormeurs qu'ils sont insensibles à l'effet éveillant du café. Ainsi, l'effet du café sur le sommeil est dose-dépendant et lorsqu'on donne à une souris bonne dormeuse l'équivalent pour elle d'un expresso, elle présente déjà pendant son sommeil des micro-éveils plus fréquents. Lorsqu'on augmente la dose, elle ne parvient pas à atteindre le sommeil profond et devient très sensible à la moindre perturbation sonore de son environnement. Ce n'est donc pas une légende qu'un café au dîner peut perturber le sommeil des mauvais dormeurs. L'horloge biologique intervient aussi dans l'envie et le plaisir du café tardif. Ceux qui sont de « chronotype du soir », qui ont d'emblée tendance à se coucher et à se lever tard, sont les plus tentés par l'expresso d'après-dîner et d'ailleurs aussi par la cigarette qui souvent l'accompagne.

Les habitudes culturelles et probablement climatiques influencent la géographie de la consommation de café qui n'est pas liée à la production de café local, ni forcément à la qualité de la torréfaction, mais à une inscription de la cafetière bouillonnante dans le paysage professionnel et domestique de certains pays européens du Nord : la consommation la plus élevée est en Finlande, en tête du classement mondial avec environ 12 kilos par habitant et par an. Puis la Norvège et l'Islande avec 9 à 10 kilos par habitant et par an. Les Pays-Bas et le Danemark sont à 8 kilos, loin devant les États-Unis avec 4 kilos.

Ce n'est pas par hasard que les groupes les plus privés de sommeil, comme les jeunes adultes (18-34 ans) dont la consommation monte, soient les plus attirés par les cafés spécialisés et capsules variées des grandes marques, les expériences de café innovantes, comme les cafés glacés et les dégustations de cafés exotiques. Partout en Europe, en Amérique du Nord, en Amérique latine et même en Asie, le café a une forte empreinte sociale avec des lieux dédiés où des catégories d'âge et sociales aiment se retrouver et consommer le café souvent peu cher, en comparaison avec l'alcool, et stimulant à la fois les conversations et les moments les plus monotones de la journée.

Une révolution culturelle a bien sûr été franchie avec Nespresso et cette possibilité inouïe de doser sa consommation de café à sa perception individuelle de fatigue et de somnolence en y associant le plaisir de savourer un café vraiment original, maintenant décliné par la plupart des marques. Je pense qu'il s'agit aussi d'une révolution du contrôle de l'éveil chez nos contemporains en dette chronique de sommeil. Pour tous ceux qui n'avaient pas assez ou pas bien dormi, la cafetière collective à filtre offrait autrefois une possibilité limitée de compenser la dette individuelle. Il fallait aller à la machine à café de l'entreprise, mettre sa pièce, ou au café du coin payer plus cher encore son petit noir dans une tasse blanche. Vider le filtre plein de marc de café, remettre en route la cafetière étaient des petites contraintes pénibles dans la journée. Aujourd'hui, pas de limitation, sauf celle de sa propre expérience, pour un prix très accessible. Il est donc possible de reprendre des capsules presque sans limite tard dans la journée pour tenir le coup.

Cependant, il y a une sensibilité individuelle différente au café qui peut expliquer son impact très différent d'un sujet à l'autre en fonction de son métabolisme. Une étude de l'équipe VIFASOM, menée par Fabien Sauvet et Mégane Erblang de l'Institut de recherche biomédical des armées (IRBA), a exploré l'influence génétique de la consommation de café.

La question était de mieux savoir si quatre polymorphismes nucléotidiques simples (SNP) modéraient les effets de la caféine sur la vigilance et la performance. Une quarantaine de personnes en bonne santé, mais totalement privées de sommeil pendant une nuit, ont été aidées pour tenir leur vigilance, évaluée le lendemain par tests de réaction, soit par du vrai café (5 milligrammes par kilo de poids par vingt-quatre heures), soit par un décaféiné.

Les résultats ont monté en effet que certains polymorphismes, tels TNF-α, influençaient les effets de la caféine, car ceux qui en étaient porteurs étaient plus perturbés par la privation de sommeil et donc plus sensibles à la caféine. Les porteurs de l'allèle A COMT étaient également plus dégradés et plus sensibles à la caféine que le génotype G/G, mais seulement après vingt heures de privation de sommeil, et pas dans les heures suivantes entre vingt-six et trente-deux heures d'éveil. Un des gènes de l'horloge biologique PER3 module aussi les effets de la caféine sur la performance. Ils ont donc ainsi démontré qu'il existe des influences génétiques sur les déficiences neurocomportementales liées aux troubles du sommeil qui semblent être atténuées par l'administration de caféine.

Dans une autre étude en population générale menée par Michaël Quiquempoix de VIFASOM et l'IRBA, nous nous sommes intéressés aux cytokines pro-inflammatoires qui sont impliquées dans la régulation veille-sommeil et sont associées à la consommation de caféine. Nous avons interrogé un millier de professionnels français actifs sur leurs plaintes de mauvais sommeil (depuis plus de trois mois) et sur leur estimation de leur temps de sommeil total (TST), et recherché dans leur salive neuf polymorphismes SNP comprenant des cytokines pro-inflammatoires, en essayant de les associer à leur consommation de caféine.

Il était ainsi possible de catégoriser trois groupes de consommateurs de caféine : « faible, modéré et élevé » (0-50, 51-300, et > 300 mg/jour). Après ajustement sur l'âge, le sexe et le tabagisme, le risque de troubles du sommeil était 40 % plus fort (risque relatif 1,4) chez les sujets présentant des mutations génétiques du TNF-α et 60 % plus élevé pour ceux aux génotypes agrégés (G/A et A/A), ou de l'interleukine-1 bêta ainsi que pour le génotype homozygote (A/A). Le risque le plus élevé de troubles du sommeil est porté par les sujets présentant des mutations à la fois du TNF-α et de l'IL-1β, indépendamment de la consommation de caféine.

Après stratification en fonction de la consommation de caféine, le risque de troubles du sommeil était donc plus élevé chez les porteurs de l'allèle TNF-α A pour les consommateurs élevés de caféine, et chez les homozygotes du génotype A/A de IL-1β chez les consommateurs modérés et élevés. Aucun des neuf polymorphismes testés n'influençait cependant le temps de sommeil. Cette grande étude a donc montré que certains facteurs génétiques comme les polymorphismes TNF-α et/ou de l'IL-1β pouvaient influencer la survenue de troubles du sommeil en lien avec le café.

L'effet du café sur l'éveil et sur le sommeil est donc très complexe et certains individus y sont beaucoup plus sensibles et en consomment d'ailleurs beaucoup moins.

L'objet de ces études n'était pas de dépister des personnes dont le sommeil est sensible au café. Elles sont en général au courant elles-mêmes et évitent toutes seules de prendre du café trop tard dans la journée. Mais il nous semble par contre important, pour préparer des sportifs ou des militaires en opération, de détecter ces individus les plus sensibles pour leur proposer l'utilisation du café lors des périodes involontaires de privation de sommeil.

L'exercice physique

Oui, il est bien prouvé que l'exercice physique renforce la résistance individuelle à la privation de sommeil chez des sujets déjà bien entraînés. Mais comment l'expliquer ?

Le sommeil et l'exercice physique s'influencent en effet mutuellement par le biais d'interactions bilatérales complexes qui impliquent de multiples voies physiologiques et psychologiques. L'activité physique est généralement considérée comme bénéfique pour le sommeil, bien que ce lien puisse être soumis à de multiples facteurs modérateurs tels que le sexe, l'âge, le niveau de forme physique, la qualité du sommeil et les caractéristiques de l'exercice (intensité, durée, moment de la journée, environnement).

À l'inverse, les troubles du sommeil peuvent également altérer les performances cognitives d'une personne ou sa capacité physique à faire de l'exercice et augmenter le risque potentiel de blessures induites par l'exercice, que ce soit lors d'exercices extrêmes et/ou prolongés ou lors de sports d'équipe.

Mounir Chennaoui, directeur scientifique de l'IRBA et codirecteur de VIFASOM, a consacré des années de recherches aux relations entre exercice physique, sport et sommeil et a écrit une revue de référence mondiale sur le sujet. Il a montré à quel point le sommeil lent contribue à la réparation musculaire *via* le système hormonal et inflammatoire, notamment l'IGF1 et l'hormone de croissance. Il est par ailleurs le conseiller de nombreuses équipes olympiques d'athlétisme, de cyclisme sur piste et de clubs de football : ses recommandations vis-à-vis du rythme de sommeil, de la sieste ou du décalage horaire sont scrupuleusement respectés. Mounir Chennaoui a accompagné les équipes olympiques d'athlétisme aux Jeux olympiques de Rio, de Tokyo et de Paris 2024. Son expérience est déterminante pour l'analyse des doctorants et chercheurs de notre équipe VIFASOM et des équipes de recherche associées dans les domaines du sport et de la recherche militaire.

Un exercice régulier de quinze à vingt minutes, sur un mode sans intensité, augmente la survenue de sommeil lent profond. Les personnes qui pratiquent un exercice physique régulier ont aussi moins de difficultés à s'endormir et un sommeil plus continu. L'exercice agit en synchronisant l'horloge biologique lorsqu'il est pratiqué à un bon moment de la journée, plutôt dans la matinée. Il intervient aussi en favorisant l'échange thermique qui contribue au rôle thermodynamique du sommeil. Lorsqu'il est pratiqué longtemps, il permet la sécrétion d'endorphines, hormones de plaisir liées au surpassement de soi, qui sont aussi favorables au repos. Enfin, l'exercice a un effet positif sur l'humeur et est un antidépresseur. Il permet une bonne valorisation de son image corporelle, satisfaction qui demeure au moment du coucher.

Mais aussi, quel impact a le sommeil sur notre forme physique ? Quels processus physiologiques sont mis en œuvre ?

Le sommeil a une répercussion déterminante sur la forme physique par son action à la fois :

– métabolique : le sommeil lent a pour fonction de maintenir l'énergie corporelle notamment en profitant de la baisse de 1 ou 2 °C au cœur de la nuit pour maintenir une température idéale à l'effort musculaire au cours de la journée. Il contribue à un bon équilibre métabolique distribuant les ressources énergétiques disponibles au cours de l'effort ;

– anti-inflammatoire : au cours de la nuit, la sécrétion de cortisol et de cytokines telles que le TNF alpha, l'IL-6 et l'IGF-1 participe à la réparation des tissus musculaires lésés et permet le repos et la reprise d'un effort optimal ;
– mais aussi cognitive : le sommeil paradoxal permet l'apprentissage des performances sportives par la mémorisation des expériences et par l'adaptation proprioceptive du corps dans l'effort. Il contribue aussi à l'équilibre psychologique. Bien dormir diminue le risque d'anxiété et de dépression qui peuvent être délétères à la performance.

Le sommeil normal est composé de quatre à six cycles comprenant 20 à 25 % de sommeil lent et la même proportion de sommeil paradoxal. La durée moyenne de sommeil normale est de sept à huit heures chez l'adulte. À la fois la qualité et la quantité de sommeil sont utiles pour une bonne performance sportive.

On comprend donc que la pratique d'un exercice, voire d'un sport puisse être encouragée à la fois dans la prévention pour un bon sommeil, mais aussi pour atténuer les conséquences de maladies du sommeil comme l'insomnie ou le syndrome d'apnées du sommeil. Le sommeil et particulièrement le sommeil profond sont essentiels pour la réparation des blessures musculaires, aussi bien chez l'animal que chez l'homme. De plus, un animal blessé va augmenter son sommeil profond dans les quarante-huit heures suivant la blessure pour aider la cicatrisation, comme l'a montré Théo Vanneau, doctorant sous la direction de Mounir Chennaoui chez VIFASOM.

La sieste

Savoir gérer ses journées avec des siestes est un moyen idéal pour faire face à la tornade du 24/24 et qui devrait être largement enseigné dans les écoles, au lycée et dans les entreprises. J'ai déjà longuement abordé les bienfaits de la sieste dans les précédents chapitres. Dans la revue de la littérature sur la sieste que nous avons écrite avec Brice Faraut, Thomas Andrillon et Marie-Françoise Vecchierini de notre équipe VIFASOM nous avons identifié plus de cent articles scientifiques qui démontraient son efficacité. C'est bien connu, la sieste courte est bénéfique sur l'attention, le temps de réaction, la mémoire, la fatigue. Mais elle a aussi une efficacité biologique, en particulier chez les personnes privées de sommeil, sur la restauration de l'immunité, la prévention cardio-vasculaire, la diminution des douleurs. Une sieste courte est donc particulièrement recommandée en cas de sommeil trop court, moins de six heures.

LES SIESTES TOP

C'est pour faire face à un besoin vital de sieste, dans des conditions opérationnelles dangereuses où la privation de sommeil peut avoir des conséquences graves et même mortelles, que des médecins et psychologues militaires autour du docteur Édith Perreault-Pierre ont développé et validé les siestes TOP, pour « technique d'optimisation du potentiel ». J'ai raconté plus tôt le naufrage de Thierry Dubois et comment il était resté quarante-huit heures accroché à la coque de son bateau renversé, en pleine tempête. Nous avons évoqué les opérations spéciales auxquelles sont confrontés des militaires ou gendarmes dans des conditions périlleuses. Lorsque l'environnement n'est pas paisible, il faut être prêt à pouvoir récupérer malgré tout. Ces techniques d'apprentissage de la sieste, d'abord développées dans des groupes exposés à un grand stress opérationnel, comme le GIGN ou l'escadrille du porte-avions *Charles-de-Gaulle*, sont maintenant proposées aux managers dirigeants et profils à haut potentiel de sociétés publiques ou commerciales, exposés à des périodes de stress intense et à des échéances importantes et répétées.

Il n'est pas facile de savoir se détendre suffisamment dans ces conditions pour faire la sieste, c'est pourquoi ces techniques reposent sur la compréhension du sommeil et du stress, mais aussi sur un apprentissage personnalisé des méthodes de relaxation et d'autohypnose en petits groupes, qui permettent d'envisager ces siestes au sein d'une équipe et non, comme c'est souvent le cas par ailleurs, de manière isolée et repliée sur soi sans communication avec l'extérieur. Les témoignages de militaires qui pensaient ne jamais pouvoir dormir et récupérer en opération montrent que, avec les siestes TOP, la plupart d'entre-deux se laissent aller au sommeil tout en étant sûrs de retrouver une pleine vigilance après cette coupure et dans une notion collective de gestion du stress et de la fatigue, qui ne sont plus considérées comme une vulnérabilité mais comme une meilleure appréhension de ses limites.

La pleine conscience

Les techniques de pleine conscience (en anglais, *mindfulness*) entrent dans le champ des exercices de type méditation. Avec des exercices de concentration d'abord sur soi, puis sur tout ce qui se passe autour de soi, on acquiert une pleine conscience de qui on est et comment on réagit aux circonstances extérieures (événements, bruits, intervention d'autres personnes, environnement). L'objectif est de se sentir pleinement dans le présent sans se laisser envahir de pensées parasites sur le passé et/ou le futur et de pouvoir bien discerner ce qui se passe en soi dans l'instant. Ces techniques peuvent être de grande utilité pour faire face au stress dans des périodes de difficulté ou de besoin de recul. Le commandant de la patrouille de chasse de Rafales du *Charles-de-Gaulle*, Vincent Berthelot, témoignait dans un colloque organisé par l'école Saint-Cyr et l'Institut biomédical des armées (IRBA), qu'il utilisait les techniques de pleine conscience pour faire atterrir son Rafale sur le porte-avions et pour rester complètement concentré sur sa tâche, ressentir son avion au maximum et s'échapper de toutes les autres contingences extérieures.

Au-delà de ces circonstances exceptionnelles, j'aimerais développer ces approches pour aider ces jeunes adultes anxieux et tristes, qui ne trouvent pas leur place dans le temps présent tout en ayant développé une vraie addiction au téléphone, aux réseaux sociaux, aux jeux en ligne, aux séries. Savoir d'où vient leur stress qui les pousse à contrôler leur téléphone chaque minute, à répondre à des messages pas toujours urgents, à se mettre dans l'attente de mauvaises nouvelles environnementales ou de guerre qui devraient arriver. Des méthodes pour lutter contre les addictions et dépendances du 24/24-7/7.

Accompagner le sommeil des grands sportifs

De nombreux sportifs font appel aujourd'hui à notre centre du sommeil et de la vigilance de l'Hôtel-Dieu pour optimiser naturellement, et bien sûr sans aucune substance pharmacologique ou chimique, leur sommeil, comme un facteur important de leur performance. Avec le centre et notre équipe VIFASOM de l'université Paris Cité nous conseillons de nombreux sportifs individuellement et avons travaillé avec l'Insep régulièrement et près d'une dizaine de fédérations olympiques et paralympiques nationales.

Organisation dans l'équipe

Les moyens collectifs sont, par exemple, des conseils vis-à-vis du jet-lag que nous proposons à de nombreuses fédérations sportives dans la préparation des championnats du monde lorsqu'ils se passent sur d'autres continents ou pour les Jeux olympiques.

Ce sont aussi, pour les sports en équipe, des conseils sur l'heure des entraînements pour préserver le sommeil des joueurs. Nous avons ainsi été amenés à retarder dans la matinée l'horaire d'entraînement d'une grande équipe de foot française en constatant que les joueurs se couchant tard, ils arrivaient fatigués à l'entraînement et avaient plus de blessures.

Nous conseillons aussi la pratique de la sieste obligatoire dans des équipes de rugby, de foot, de hand. François Duforez a accompagné le XV de France dans toutes ses compétitions après avoir suivi pendant quinze ans les plus grands pilotes français de F1 : Alain Prost, Olivier Panis.

Nous donnons des conseils, parfois individualisés, aux jeunes athlètes à l'Insep et dans les fédérations pour qu'ils respectent leurs rythmes de sommeil dans un agenda surchargé entre études, entraînement et compétitions.

Suivi individuel

Il s'agit d'adapter nos conseils à l'athlète, à ses besoins de sommeil et à l'épreuve sportive. Un nageur va par exemple devoir faire une finale à 22 heures après un décalage horaire, alors que son pic de performance physiologique est à 15 heures et qu'il a besoin de huit heures de sommeil. Nous lui conseillons de décaler ses horaires sur place plusieurs jours avant, de manière à se réveiller plus tard que d'habitude. Nous surveillons le cycle de sa température interne pour qu'il puisse être biologiquement au plus proche de son pic de performance malgré le décalage horaire. Un cycliste doit faire plusieurs éliminatoires sur une journée et ne peut pas dormir assez car il est logé à une heure du stade. Nous lui conseillons de dormir plus les jours précédents et de faire des courtes siestes entre les éliminatoires. Pour ces siestes nous lui apprenons à s'isoler de toute l'excitation liée à la compétition, éventuellement de mettre un masque de nuit et des bouchons d'oreilles, et de faire des exercices de relaxation ou de sophrologie pour trouver quelques moments de sommeil.

Quand un sportif vient nous voir pour améliorer son sommeil dans le but de maximiser ses performances, quelles sont les étapes nécessaires ? La première étape est un bilan de son sommeil par un enregistrement polysomnographique d'une nuit normale, une batterie de questionnaires et l'enregistrement du rythme de son horloge biologique par une actimétrie. Ensuite nous confrontons ces données avec son expérience et avec son agenda de compétitions. Nous le conseillons pour les prochaines échéances et recueillons son retour sur l'effet des conseils. Puis nous adaptons nos conseils et cela autant de fois que possible. De nombreux sportifs rencontrent aussi des troubles du sommeil de type insomnie avant les compétitions ou somnolence par privation de sommeil. Nous les prenons en charge avec un accompagnement personnalisé.

Quels sont les meilleurs moments pour faire de l'exercice pour un bon sommeil ?

Il est en général recommandé de faire le sport dans la matinée ou en fin d'après-midi, mais pas trop prêt de l'heure de coucher, car le sport augmente la température interne et pour bien dormir on a besoin de perdre 1 °C de température cérébrale.

Si on n'a pas la disponibilité de faire du sport plus tôt dans la soirée, nous recommandons aux sportifs une douche fraîche après l'exercice, en refroidissant particulièrement la nuque et les extrémités pour favoriser une bonne chute de température. Certaines équipes de sport collectif proposent même des séances de cryothérapie, les athlètes entrant en simple maillot dans une chambre réfrigérée entre – 120 et – 150 °C pendant quelques minutes dans un but anti-inflammatoire et dont les effets secondaires sont une amélioration du sommeil suivant la compétition.

Les addictions et dépendances du 24/24-7/7

Face au rythme effréné du 24/24-7/7, beaucoup ne parviennent pas à suivre et se sentent décalés par rapport au rythme de leurs proches. En entreprise, dans le sport, dans la politique, dans les médias, comment font-ils pour être toujours réactifs, répondre à toute sollicitation, faire des interventions sur deux chaînes d'information à la fois, écrire des articles et des romans, faire du théâtre et du cinéma en même temps, voyager, collectionner, avoir une vie de famille, s'adonner au sport de manière sérieuse, être élu et continuer à travailler, participer aux événements culturels à Cannes, à Avignon ou sportifs au Stade de France et à Roland-Garros ? L'hyperactivité, l'hyperprésentiel sont valorisés par la presse et les réseaux sociaux. Le président était hier à Washington, il prononcera aujourd'hui un discours à l'ONU et demain inaugurera à Paris la statue d'un grand poète devant ses pairs à l'Académie.

Certes, je ne doute pas que certaines personnes bénéficient d'une énergie exceptionnelle qui leur permet de vivre trois vies en une sans avoir l'air fatiguées. Mais ce n'est pas le cas général et beaucoup de leurs proches tentent de suivre le rythme sans y parvenir sur le long terme, c'est ainsi que se développent les addictions et dépendances qui peuvent devenir des entraves.

La prise de somnifères

« Je ne sais pas comment ils font, je ne m'en sens pas capable et je me blesse, je me fais mal et le soir je n'arrive pas à dormir. » Aujourd'hui à ma consultation, Julien, un jeune champion d'athlétisme d'équipe de France, me raconte leur rythme infernal : la semaine, cours et entraînements tous les soirs et, le week-end, compétitions en France ou en Europe, où il faut souvent se déplacer soi-même en voiture ou en minibus avec l'équipe. On dort sous la tente ou dans des bâtiments scolaires, ou en rentrant dans le bus. Et il faut reprendre le lendemain. Julien sent qu'il perd des places alors qu'il est excellent, car il ne parvient pas à récupérer dans ces conditions précaires et même dans sa chambre qu'il partage avec un autre athlète ronfleur (il doit mettre des boules Quies la moitié des nuits). Pourtant Julien voit autour de lui plein d'athlètes hommes et femmes qui ne semblent pas souffrir autant de ces conditions, qui ont « toujours la banane » et le sourire le matin, même après une courte nuit et qui font la différence sur le stade.

Nous faisons un bilan de son sommeil avec un enregistrement de nuit qui montre un sommeil bien structuré mais en effet sensible car perturbé par plusieurs éveils de type insomnie de maintien du sommeil. En regardant les résultats de sa nuit, Julien me dit : « C'est ça, je me réveille deux-trois fois par nuit, presque toutes les nuits et après tout tourne dans ma tête, je pense à la compète, aux cours, aux copains et je n'arrive pas à fermer l'œil. » Je l'oriente vers nos ateliers sommeil qu'il va suivre avec sa détermination et son enthousiasme de sportif. « J'ai beaucoup appris, dit-il avec un sourire, je sais dédramatiser lorsque je ne dors pas, mais restreindre mon temps de sommeil, cela ne marche pas du tout pour ma performance, j'ai raté toutes mes dernières courses. » Julien doit participer aux championnats d'Europe à Munich la semaine suivante, il appréhende ses prochaines nuits, je lui prescris un somnifère, à prendre occasionnellement, uniquement s'il redoute une très mauvaise nuit la veille d'une compétition. « C'est pas trop fort, me demande-t-il ? Je n'ai pas envie de me retrouver comme un zombie sur la piste. » Je lui dis qu'il peut en prendre la moitié. Trois mois plus tard, je le revois en pleine forme physique et avec un bon mental. Il a fait de beaux scores et un podium au championnat d'Europe et se qualifie pour les championnats du monde. « C'est génial votre truc, me dit-il. Je le prends en me couchant, plus de réveils et le lendemain matin je me réveille en pleine forme. Je reveux bien une prescription. » J'explique à Julien le risque de dépendance et la préconisation de ne réserver le médicament qu'aux nuits difficiles. Il comprend, mais me dit qu'il en a parlé avec d'autres et que plein de ses copains prenaient aussi des traitements pour dormir, car ils n'arrivaient pas à tenir le rythme trop intense sans dormir. Je n'ai plus eu de nouvelles de Julien en direct, mais j'ai suivi sa belle carrière. Comme Julien, j'ai aussi rencontré des coureurs du Tour de France dont le sommeil est particulièrement malmené par le stress, la chaleur, le bruit, les mauvaises conditions d'hébergement et parfois par des pathologies du sommeil comme le syndrome des jambes sans repos (on ne peut pas mieux qualifier cette maladie pour un cycliste), beaucoup prennent aussi un somnifère tous les soirs du Tour.

Il n'y a pas que dans le monde sportif que les somnifères permettent de faire face au 24/24-7/7. Certains hommes d'affaires, membres des comex (comité exécutif) des plus grandes entreprises internationales, ou des artistes renommés sont toujours contraints de se déplacer une à deux fois par semaine avec souvent un décalage horaire. Ce sont les clients des classes affaires ou première classe des grandes compagnies et, malgré le grand confort des couchettes et la gentillesse des personnels, il n'est pas facile de se retrouver à l'autre bout du monde avec des réunions importantes et stressantes en décalage horaire sans avoir dormi. Lors d'une étude sur le jet-lag que nous avons réalisée avec les médecins du travail d'une vingtaine de grandes sociétés françaises exportatrices, j'ai rencontré ces jet-laggers, le plus souvent de jeunes hommes des grandes banques se déplaçant pour des conseils d'administration, des industriels allant visiter les installations de leurs firmes ou leurs concurrents, des directeurs des industries de luxe rencontrant des clients ou allant installer de nouvelles boutiques en Chine ou aux États-Unis, dans l'industrie pharmaceutique pour le développement d'un produit phare. Tous voyagent dans un monde un peu artificiel, accueilli partout par des chauffeurs qui les conduisent vers la chambre d'hôtel et le lieu de réunion où tout le monde les attend. Dans un tel rythme, un somnifère peut apporter six heures idéales de sommeil dans l'avion ou pendant la courte nuit d'hôtel pour pouvoir tenir l'agenda et être quand même en forme le lendemain. Mais beaucoup sont maintenant des inconditionnels de la mélatonine. Un important cadre d'une marque de luxe me raconte : « Mon plus gros contrat, je l'ai gagné grâce à la mélatonine. Le lendemain de mon voyage, aux États-Unis, je devais faire un parcours de golf avec le P-DG de l'entreprise cliente. D'habitude je ne vaux rien au golf après un décalage horaire. J'ai pris de la mélatonine et j'ai fait un parcours superbe battant mon client à plate couture. Il a été tellement impressionné, j'ai eu le contrat signé dans la matinée… »

La prise de molécules éveillantes et stimulantes

C'est une tentative de compenser le mauvais sommeil. Cherchant à améliorer l'attention, elles augmentent en réalité l'éveil, telles que le faisaient les mêmes drogues chez les militaires des deux blocs au cours de la Seconde Guerre mondiale. Un éveil forcé qui semble artificiel, comme pour rendre synchrone le jour de ceux qui sont traités, sans forcément préserver leurs nuits. Les amphétamines, et en particulier la Ritaline, sont au premier plan de ces molécules éveillantes sur prescription médicale.

Selon l'assurance-maladie (source Medic'AM), nous sommes passés d'environ 250 000 boîtes de psychostimulants remboursées en 2008 à environ 1 250 000 boîtes en 2021, soit une consommation multipliée par cinq en quatre ans. Au cours du deuxième trimestre 2024, de nombreuses spécialités de Ritaline sont en rupture de stock dans les pharmacies. Afin de réguler les approvisionnements et prévenir une rupture sèche de ces médicaments, des mesures de contingentement ont été mises en place dès que des difficultés ont été identifiées. Les exportations de ces médicaments par les grossistes-répartiteurs sont actuellement interdites.

Qu'est-ce qu'une amphétamine ? L'amphétamine agit en libérant de la dopamine dans le cerveau et en bloquant la recapture de la dopamine dans la synapse. Elle inhibe l'activité de l'enzyme MAO (monoamine oxydase) à forte dose. Elle agit dans le corps entre trente et soixante minutes après avoir été ingérée et ses effets peuvent durer jusqu'à douze heures. Quels sont les rôles principaux de ce neurotransmetteur, la dopamine[1] ?

1. Source : Institut du cerveau et de la moelle (https://institutducerveau.org/lexique/dopamine).

• **Le contrôle moteur et la coordination des mouvements volontaires.** Des niveaux adéquats de dopamine sont nécessaires pour prévenir les troubles du mouvement tels que la maladie de Parkinson.

• **La motivation et la récompense.** Lorsque l'on vit une expérience agréable ou gratifiante, le cerveau libère de la dopamine, créant ainsi une sensation de plaisir et de satisfaction, d'où son appellation de molécule du plaisir. Cela renforce les comportements qui poussent à rechercher des expériences positives. C'est ce phénomène qui explique notamment son rôle central dans les phénomènes liés à la motivation.

• **Le circuit de la récompense.** Également impliqué dans les addictions au tabac, à l'alcool, aux drogues, aux jeux d'argent, etc., la dopamine rend les sujets plus sensibles à la récompense et amplifie les perspectives de bénéfices ou la désirabilité des activités.

• **La régulation de l'humeur.** À l'instar de la sérotonine, la dopamine est également associée aux états émotionnels et à l'humeur.

• **Les fonctions cognitives.** La dopamine joue un rôle dans l'attention, la mémoire et la prise de décision. Des niveaux déséquilibrés de dopamine peuvent entraîner des troubles de la motivation, tels que l'apathie observée par exemple dans les syndromes dépressifs.

On comprend dès lors le pouvoir puissamment anti-24/24-7/7 des amphétamines qui entraînent dès les premiers jours de consommation :
– une diminution des sensations de faim et de fatigue ;
– une augmentation de l'endurance ;

- une sensation d'augmentation des facultés cérébrales notamment la concentration ;
- une euphorie et un bien-être ;
- un sentiment d'exubérance et d'invincibilité ;
- une désinhibition ;
- la suppression de l'anxiété sociale.

La Ritaline n'est en théorie indiquée que dans le cadre des TDAH (troubles du déficit de l'attention avec/sans hyperactivité chez l'enfant et chez l'adulte) et des hypersomnies comme la narcolepsie ou les hypersomnies idiopathiques sévères, des hypersomnies centrales très invalidantes. Il est raisonnable de donner ce traitement dans les cas de formes graves car les patients ont un vrai handicap professionnel ou social du fait de leur maladie : somnolence sévère ou attention très labile.

Mais depuis le 13 septembre 2021, sur décision de l'Agence nationale de sécurité du médicament et des produits de santé (ANSM), la prescription initiale des médicaments de la famille de la Ritaline : Medikinet, Quasym, Ritaline et Concerta ne sont plus réservés aux médecins hospitaliers. Leur prescription peut désormais être initiée en ville par les neurologues, psychiatres et pédiatres. Cette évolution des conditions de prescription a pour but d'améliorer la prise en charge précoce du TDAH. Or cette décision contredit l'avis du comité de l'OMS, listant les médicaments dits « essentiels », qui ne recommande plus l'usage du méthylphénidate pour traiter le TDAH depuis juillet 2019.

Contrairement aux hypersomnies, le TDAH est un diagnostic uniquement clinique qui ne repose pas sur des examens complémentaires mais sur l'avis du médecin face au témoignage du patient et de ses proches qui se plaignent : d'un déficit de l'attention (incapacité à maintenir son attention, à terminer une tâche, oublis fréquents...), associé à une hyperactivité motrice (agitation incessante, incapacité à rester en place) et souvent à une impulsivité (difficulté à attendre, tendance à interrompre les activités des autres). Cela rend les malades très difficiles en classe, en difficulté au travail, en collectivité, même si leur réactivité est souvent appréciée. Leur entourage personnel et professionnel est épuisé.

La Ritaline est très efficace sur le TDAH entraînant une amélioration de l'attention et diminuant ainsi l'agitation et l'impulsivité. Mais il est certain que le médicament modifie le psychisme et la capacité d'apprendre et de se concentrer et peut être considéré comme un véritable atout au sein du rythme 24/24-7/7. Céline, l'une de mes patientes qui travaille maintenant au service financier d'une des GAFAM de la Bay Area dans la Silicon Valley, est venue me consulter il y a cinq ans pour narcolepsie et hypersomnie. Après avoir confirmé le diagnostic par des examens de sommeil, je lui ai proposé un traitement éveillant qui est indiqué dans ce type de maladie mais qui n'a pas d'effet stimulant sur le psychisme. Un collègue psychiatre lui avait déjà donné de la Ritaline depuis quelques mois. Elle ne s'est pas sentie confortable pour changer le traitement car la Ritaline l'aidait considérablement en prépa à faire face aux horaires intenses de travail, comme elle l'a continué à l'aider à ne pas abandonner ses stages aux quatre coins du monde après son école de commerce et aujourd'hui pour tenir bon avec les journées intenses du GAFAM. De même Thomas, en prépa ingénieur dans l'une des plus grandes classes préparatoires de Paris et qui m'affirme que de très nombreux des élèves de sa classe sont sous Ritaline. « Tout est plus clair, tout va vite, je ne me sens pas fatigué, me dit-il. Pourrez-vous m'aider à m'arrêter après les conçours ? » À côté de quelques situations cliniques que l'on peut comprendre, avec une prescription bien raisonnée et justifiée, mais qui méritent une surveillance attentive, il y a aussi de multiples traitements renouvelés sur des années, sans que le médecin ne soit vraiment disponible pour faire le point. Cette évolution fait peur car on ne connaît pas bien les effets indésirables, en dehors des impacts cardio-vasculaires. L'augmentation de la consommation, l'extension des facilités de prescription, l'utilisation y compris par des jeunes enfants mériteraient d'être contrôlés par un observatoire dédié.

Les substances illégales

Il est certain que les produits addictifs illégaux, et particulièrement la cocaïne, sont des solutions de plus en plus fréquemment adoptées par des dirigeants, des responsables politiques, des artistes ou même des étudiants qui vivent dans l'environnement de plus en plus contraint des sollicitations permanentes, avec comme corollaire la nécessité d'être toujours en forme physiquement, psychologiquement au cours de réunions sans fin, de voyages répétés, de la nécessité de réaliser des performances devant un public : conférences, interviews, réunions.

Selon les informations de l'OFDT (Observatoire français des drogues et des tendances addictives[1]) :

« La circulation de cocaïne dans le monde, en Europe et en France s'est amplifiée depuis les années 2010, représentant un tiers du marché des stupéfiants en Europe, à l'image du niveau

1. « La cocaïne : un marché en essor », OFDT, mars 2023 (https://www.ofdt.fr/sites/ofdt/files/2023-08/field_media_document-3234-doc_num–explnum_id-33711-.pdf).

record de la production et des quantités saisies : la quantité de cocaïne produite dans le monde est passée de 1 134 tonnes en 2010 à près de 2 000 tonnes en 2023. [...]
Pivot de la circulation de la cocaïne, l'Europe assiste à cet essor de l'offre et de l'accessibilité du produit à mesure que son prix au détail diminue (entre 50 et 70 euros le gramme, en France) et que sa disponibilité progresse. Cette croissance s'explique en partie par la prolifération des canaux d'approvisionnement en cocaïne, la diversification des acteurs criminels et des modes opératoires du trafic... Au sein de l'Union européenne (UE), sa diffusion concerne 3,5 millions d'usagers dans l'année en 2020. En France, un des pays les plus consommateurs au sein de l'UE, l'OFDT estime le nombre de consommateurs à 600 000 usagers dans l'année. [...]
L'usage de cocaïne s'est élargi parmi les adultes : plutôt circonscrit à l'espace festif et aux catégories sociales les plus aisées il y a vingt ans, il s'est étendu à d'autres milieux sociaux. Des signaux sanitaires qui incitent à la vigilance. Alors que les perceptions sociales tendent à minorer la dangerosité du produit, les signaux sanitaires relevés en France sont convergents : triplement des recours aux urgences pour un usage de cocaïne entre 2010 et 2022, montée en charge des hospitalisations et des demandes de traitement pour un usage de cocaïne. Selon les données de Santé publique France, le taux de recours aux urgences pour usage de cocaïne atteint plus de 21 passages pour 100 000 passages aux urgences en 2022, contre 9 en 2010. »

Au cours de mes consultations de sommeil, il m'arrive de plus en plus souvent de poser la question à mes patients qui se trouvent au bord du burn-out après quelques années à enchaîner les soirées au travail, les déplacements sans fin, l'incapacité de prévoir des vacances et la pression organisée par leurs hiérarchies lors de la présentation des dossiers en grands groupes avec le boss. Paul, un jeune banquier fusion acquisition de 29 ans, s'est fait passer son premier rail par un copain cinq minutes avant l'une de ces réunions et est devenu vraiment dépendant quatre à cinq fois par semaine. Le soir il n'arrive plus à dormir et fait parfois des nuits blanches au travail en récupérant par siestes dans les transports. Il m'avoue même avec honte avoir été obligé de prendre de la cocaïne pour tenir bon en famille pendant une fête de Noël.

La prévention des addictions au travail, même si elle est de plus en plus active avec les campagnes de la Midelca (Mission interministérielle contre les drogues et les conduites addictives), a du mal à pénétrer les milieux les plus à risque où le sujet est souvent tabou. Les médecines du travail et de prévention se sont saisies du sujet et n'hésitent plus comme nous le faisons à poser la question précocement, ce qui est la meilleure méthode de prévention.

Les boissons énergisantes

Red Bull et compagnie ne peuvent bien sûr pas être comparés aux médicaments ou aux drogues dans cette volonté de faire face au 24/24-7/7, mais leur message tourne bien autour de ce dépassement, y compris sportif, des contraintes du temps et de l'effort. Je ne sais pas si vous regardez parfois les publicités Red Bull dont le comique n'a d'égal que l'extraordinaire des acteurs participants dans des formats ultracourts de type TikTok. Une jeune fille marche sur un fil au milieu d'une immense baie, plusieurs autres sautent d'un immeuble à l'autre en faisant des roulades, la suivante est perchée sur un plongeoir de 10 mètres devant une piscine et se penche en arrière, avec un homme qui est censé la retenir, mais qui tombe à l'eau finalement. Puis un jeune descend en VTT les rues escarpées d'une ville de montagne en prenant les escaliers, le suivant nage de nuit dans l'océan entouré de requins, l'un saute à l'élastique d'un viaduc, un jeune homme court à pied après une Formule 1 Red Bull. Puis une jeune femme termine sa course de ski dans une piscine glacée, un jeune homme tente de s'élancer avec un avion en carton dans un fleuve et ne parvient à voler que quelques mètres, le dernier prend son élan en VTT pour sauter d'un immeuble à l'autre. Au-delà de ces sketchs fascinants, dont on peut comprendre qu'ils incitent à franchir les barrières de la prudence et du risque, avec un effet d'entraînement et de contagion collective, il y a la volonté de se dépasser et de perdre le cadre habituel des compétitions classiques et parfois ennuyeuses.

Il m'arrive de plus en plus souvent de rencontrer des jeunes adultes qui achètent un pack de Red Bull pour faire la fête, surtout dans les villes de vacances ou le soir à Paris. Une canette de 250 millilitres comprend 1 gramme de taurine. Le composant original qui donne de l'énergie a été identifié comme étant un neurotransmetteur, soit une substance qui favorise les transmissions entre les neurones dans le cerveau. La taurine aurait des effets détoxifiants et antioxydants, renforcerait la contractilité cardiaque et augmenterait les performances physiques et mentales. La boisson comprend aussi 80 milligrammes de caféine, 20 d'acide nicotinique (comme pour les cigarettes) et 600 milligrammes de glucuronolactone, qui faciliterait la mémoire et la concentration, plus de nombreuses vitamines. Il est recommandé de ne pas dépasser quatre cannettes de Red Bull par jour, et de l'utiliser plutôt lors d'efforts physiques importants ou d'exercices qui vont être fatigants. Dans les boîtes de nuit ou soirées festives, le Red Bull et les boissons énergisantes sont utilisés pour rester éveillé toute la nuit.

L'activité physique démesurée

Depuis quelques années, ils courent toute la journée, ils soulèvent de la fonte toute la soirée dans les clubs de gym, ils font des kilomètres à vélo, ils nagent sans s'arrêter. Pour faire face à l'angoissante disparition de la nuit et aux difficultés à maintenir leur rythme de travail et de stress, ce sont des centaines de jeunes sportifs qui ont envahi les villes, bodybuildés ou amincis par les marathons, ils courent pour rattraper le temps qu'ils ont perdu et calmer l'angoisse de la perte de repères. L'exercice physique est une bonne solution, mais la suractivité physique une question sans doute liée à cette pression du 24/24-7/7.

La première fois que ce déséquilibre m'a frappé, c'est en participant à une formation sur les effets du travail de nuit sur la santé auprès d'une trentaine d'employés d'une compagnie de fret aérien, presque tous des hommes, entre 25 et 35 ans. Dès que nous avons abordé l'exercice physique, plus de la moitié d'entre eux ont témoigné qu'ils étaient très impliqués dans le running, le vélo, la boxe, le foot et surtout les salles de sport avec parfois une à trois heures par jour. Une sorte d'émulation créait une compétition entre eux et leur société encourageait d'ailleurs ces activités : une grande salle de sport avait été aménagée sur le site. Certains rentraient chez eux à vélo roulant 40 kilomètres aller et retour, quel que soit le temps. Privés de sommeil pour la plupart d'entre eux, et désynchronisés par rapport aux horaires de leurs familles, ils compensaient avec une activité sportive intensive.

Et cette pratique sportive intensive ne se trouve pas que chez les travailleurs de nuit, beaucoup de jeunes employés dans tous les domaines, usés par le rythme aliénant du métro-boulot-dodo se sont mis à courir ou à faire en salle de la musculation, au plus près et au moins cher de leur lieu de vie. Volonté de sculpter leur corps, mais aussi de résister aux tensions du travail et sociales, de bien se dominer, d'évacuer le stress. Il y a aussi probablement dans ce sport vécu intensément une volonté de s'échapper du rythme réel, de relativiser les difficultés en reprenant le contrôle de soi. Le sport est résolument efficace sur l'anxiété et la dépression, ainsi que sur le sommeil lent. Mais au-delà d'une certaine pratique, il devient addictif. L'engouement fort pour la musculation et le sport en salle de la part d'un grand nombre de jeunes femmes et hommes est un phénomène nouveau.

Les FFISL (Fédération française des industries du sport et des loisirs) et FFA (Fédération française d'athlétisme) ont montré, en 2024, l'attractivité de nouveaux types de sport d'endurance peu onéreux et praticables à tous moments de la journée en zone urbaine comme dans toutes les régions. La région Auvergne[1] décrit par exemple le running et le trail comme des phénomènes épidémiques nouveaux. « Loin du simple jogging, le running est perçu comme une vraie discipline, un sport qu'on pratique régulièrement en se fixant des objectifs : courir plus longtemps, courir plus vite… Le nombre

1. « Auvergne, terre de trail » (https://www.auvergne-destination.com/bouger/itinerances-randonnee/a-pied/auvergne-terre-de-trail/).

de coureurs augmente chaque année. En 2018, on estime entre 9 à 12 millions le nombre de runners en France. Parmi eux, environ 2 millions sont prêts à “mettre un dossard” pour participer à une course organisée. En 2023, ce seraient 10 à 15 millions de pratiquants. Si le nombre d’hommes pratiquants reste majoritaire, les progressions du nombre de runneuses dépassent largement celles des hommes. Le running est intergénérationnel et touche l’ensemble de la population française même si les 25-34 ans (près de 26 %) et les 35-49 ans (28 %) sont les plus nombreux. Près de huit sur dix des pratiquants courent en solitaire, mais de nombreux blogs et applications permettent aux runners de partager leur passion. »

Ces millions de coureurs dans l’Hexagone sont des clients privilégiés des marques de chaussures et de vêtements légers et imperméables mais aussi d’objets connectés et d’applications qui leur permettent de suivre leur rythme. Le running est passé d’un sport de passionnés à un style de vie : la performance et le dépassement de soi permanents. Les trois principales motivations invoquées par les runners sont : améliorer sa condition physique, être en bonne santé, perdre du poids. Le running s’impose donc plus que jamais comme une activité très étroitement liée à la performance mais aussi au bien-être et à l’esthétisme.

Bien souvent, courir dans la nature dans des conditions sauvages devient le plus grand plaisir de ces athlètes. J’ai appris pour la première fois ce que signifiait le « trail » en rencontrant plusieurs sportifs venus me voir pour essayer de ne pas dormir pendant des épreuves de course pouvant durer vingt-quatre heures. Nous pouvons bien sûr tenter de décaler au maximum le sommeil pour qu’ils puissent dormir tout leur possible avant l’épreuve, mais je leur recommande aussi des siestes programmées pour éviter blessures et accidents. L'envie de nature a fait venir les coureurs au trail, une course où la surface goudronnée n'excède pas 20 % du parcours. L'idée est de profiter d'un effort-plaisir et de jouir du milieu naturel en courant loin du macadam. « La première grande expérience du genre, la Western 100 miles, a eu lieu en 1974 en Californie. Côté européen, la référence est dorénavant l'Ultra-Trail du Mont-Blanc (UTMB). Même la région parisienne s'est lancée dans l'exercice. L'Ecotrail Paris attire chaque année plus de participants, les trois quarts des coureurs venant de la région parisienne. » Le principe associe à la fois le défi personnel, la quête d'une meilleure hygiène de vie et le rapprochement avec la nature. À la fois espace de compétition solidaire mais aussi de partage dans l'engagement physique, le trail permet de se confronter de manière intense au contact de la nature et d'évoluer dans les difficultés sans le secours des technologies motorisées. Dans le trail, il y a le dépassement de soi mais aussi le contact avec les paysages, l'envie de se tester, avec un esprit un peu animal. Ce qui compte, c'est moins le classement que la satisfaction de l'avoir fait, d'avoir rencontré d'autres runners, de faire communauté en respect de l'environnement aussi. La tendance est aux parcours de plus en plus longs et aux ultra-trails, où la course se vit un peu comme une aventure, un défi pour soi. On compte environ huit cent mille pratiquants du trail en France. Le nombre d'épreuves a lui aussi significativement augmenté puisqu'on en dénombre aujourd'hui plus de deux mille cinq cents.

Le trail séduit les urbains stressés en quête de dépassement de soi et d'oubli des conditions contraignantes et stressantes du travail, avec 20 % de femmes en forte augmentation. Il touche plutôt les urbains des mégapoles de plus de 35 ans aux revenus assez élevés. Sensibles à leur performance, à leur forme physique, ils sont souvent équipés d'outils connectés, capteurs cardiaques, d'énergie, de sommeil. Ils retrouvent dans le trail une ambiance qui ressemble à celle de concerts, de fête, de rencontres et de partage : repas d'après courses, animations pour les familles, courses enfants. Ils partagent les valeurs fortes du trail défendues par l'Itra (International Trail Running Association) : authenticité, humilité, fair-play, équité, solidarité, respect des autres, de soi et de l'environnement. Nul doute que ces parcours initiatiques contribuent à recentrer ceux qui sont par ailleurs affectés par la société du 24/24-7/7. Mais à quel prix. J'ai rencontré ces dernières années parmi mes amis ou ma famille plusieurs trailers dont l'entraînement quotidien est une vraie épreuve pour leur famille. À peine rentrés du travail à la maison, ils enfilent leurs baskets et un short pour se mettre à courir, et ils ne reviennent pas avant deux ou trois heures. Courir crée une fraternité et les trailers se croisent sur les chemins de campagne et échangent un signe de reconnaissance. Ils ressentent ce qui se passe chez l'autre.

En un mot, il est parfois très difficile de faire face au 24/24-7/7. Voir comment les autres autour de soi semblent se débrouiller très bien et ne pas en souffrir ajoute à un sentiment d'impuissance. C'est une fausse impression, car nous avons tous besoin de revenir à un rythme plus équilibré : le sommeil, une bonne nutrition et l'activité physique sont nos alliés pour garder une bonne santé et le plaisir de vivre le quotidien.

CONCLUSION

Conseils pour chacun d'entre nous

J'espère vous avoir convaincu au fil de ce livre qu'il est urgent de dormir et de prendre soin de notre sommeil. Nous sommes encore dans une période intermédiaire ou les rites anciens de la nuit, du repos, du sommeil sont transmis par la famille, par l'école, par les amis, les témoins de bon sens. Mais tant de plaisirs, de contraintes, d'obligations, de discours, de tentations, d'exemples influencent notre comportement à l'inverse.

La privation de sommeil réduit considérablement notre attention, nos apprentissages et modifie nos émotions, notre caractère, nos réactions, nos envies. Elle est aussi responsable, nous l'avons montré, d'une dégradation de la santé physique et mentale. Il n'est pas trop tard pour réagir, quelques bonnes nuits de vacances suffisent pour retrouver notre intégrité.

Retrouvons donc ensemble et renforçons le sommeil et la nuit. Je vous propose cinq pistes pour accompagner cette urgence de mieux dormir.

Apprendre aux enfants à dormir avec plaisir

Dormir est un vrai plaisir quand on en a la possibilité. Essayez de vous rappeler vos meilleures nuits, celles où vous avez eu le choix de rester au lit si vous vouliez, que vous aviez tout le temps, que vous ne vouliez absolument pas vous lever mais rester allongé le nez dans l'oreiller. Il y a ce bonheur d'une bonne nuit pas tout à fait terminée mais qu'on peut prolonger. Il y a aussi cette joie de s'endormir le soir dans un lit frais après une journée chargée. Il y a ce sentiment agréable de se réveiller en pleine nuit, mais de se rendre compte qu'on a encore tout le temps et de tirer la couette sur soi. Si vous avez eu des nuits d'été fraîches où, dormant dehors ou la fenêtre ouverte, vous avez senti sur tout votre corps la brise légère qui vous reconduisait à dormir malgré le ciel étoilé et la pleine lune ? Vous êtes-vous endormis tranquillement dans le train en voyage vers les vacances ? Est-ce qu'il vous arrive de vous étirer de plaisir le matin au réveil après une excellente nuit ?

Ce sont ces expériences qu'il faut réapprendre aux enfants à la maison, à l'école pour que le sommeil ne soit plus synonyme de contrainte mais de plaisir. Passer du « Éteins ton téléphone, tu as classe demain » à « Maman, est-ce que je pourrais dormir un peu plus ce soir ? ».

L'environnement de la chambre est déterminant. Lors d'une étude sur le sommeil des adolescents, nous leur avons demandé de nous envoyer des photos de leur chambre : de vraies cavernes d'Ali Baba… Empilement de livres et revues, de vêtements éparpillés, d'électronique, de téléphone, difficile de faire un pas autour du lit sans faire tomber une pile. Parfois accompagnés de chips ou autres restes alimentaires. Le lit des ados est souvent trop petit, coincé dans une alcôve avec un éclairage un peu branlant. Souvent, c'est un lit de récupération venu de la famille ou de la cave. Ou bien les restes de son lit d'enfant avec le doudou trônant à côté des livres de cours étalés sur le matelas. Faites le test et prenez les photos. Il faut prendre du temps pour installer une chambre à la fois pratique, mais aussi confortable : un lit suffisamment grand – nos ados sont très grands –, confortable, aux draps changés régulièrement. Veillez à bien les protéger du bruit ambiant et de la pollution lumineuse.

Mais c'est aussi à l'école que les enfants devraient apprendre le plaisir de dormir. Cela passe par les livres d'enfants dont certains pourraient illustrer plus positivement le sommeil, des vidéos, des instruments pédagogiques, des vidéos courtes sur les bienfaits du sommeil manquent cruellement à l'école et au lycée. Je suis aussi un défenseur déterminé de la sieste pendant toute l'école maternelle et même au CP, alors qu'elle s'arrête en ce moment en moyenne section. Je défends la possibilité de salles de sieste au collège et au lycée. Je suis pour que les professeurs d'EPS apprennent aux enfants les techniques de relaxation qui leur permettent de trouver plus facilement le sommeil le soir ou dans la nuit.

Éviter le travail de nuit pour tous les métiers non liés aux urgences

Il est temps d'ouvrir un grand débat sur le travail de nuit et de changer sa réglementation et la rigidité de son organisation. En identifiant bien d'abord les besoins. Seuls les métiers d'urgence qui assurent en sécurité du 24/24 doivent obligatoirement relever du travail de nuit : transports, sécurité, maintenance industrielle, santé, communication, hôtels, restauration. Les autres secteurs doivent être examinés au cas par cas. Il n'est bien sûr pas envisageable de fermer les magasins des Champs-Élysées à 20 heures, ni d'interdire les brasseries et restaurants de servir à dîner. Mais il faut éviter les 3 × 8 systématiques dans les entreprises, souvent maintenus par tradition industrielle et entrecoupés de périodes de chômage technique. Il faut reréfléchir aux métiers indispensables la nuit, y compris dans les secteurs essentiels. Dans le contexte de recrutement difficile des infirmières et aides-soignantes de nuit, ne faut-il pas développer l'hôpital de jour exclusif dans bien des spécialités ? Ne faut-il pas aussi limiter au maximum les forces de police ou militaires de nuit en les réservant à des périodes de tension plus exceptionnelles ? Même si c'est très pratique, il faut limiter les heures d'ouverture des commerces de proximité souvent ouverts jusqu'à minuit en pleine ville.

Le travail de nuit devrait être limité à une période de la vie et être contractualisé pour permettre de passer de jour au bout de quelques années. Ainsi il permettrait de faire fonctionner les secteurs concernés mais en permettant d'éviter ou d'en réduire les conséquences sanitaires. Il faut aussi accompagner par la formation professionnelle les travailleurs de nuit pour une meilleure prévention des accidents et des conséquences sanitaires de leur emploi. Je suis aussi favorable à ce que les travailleurs de nuit bénéficient d'une prise en charge d'un certain nombre d'aménagements d'isolement de leurs domiciles privés contre le bruit.

Instaurer un couvre-feu de l'éclairage électrique et du bruit

En suivant les recommandations énergétiques, de plus en plus de municipalités ont réduit l'éclairage urbain la nuit de 20 à 22 heures. Grâce à des capteurs cinétiques l'éclairage se rallume au moindre passage assurant la sécurité. C'est un vrai plaisir d'être de nuit le soir dans ces villes. J'étais cette année un soir à Aix-en-Provence dont le cours Mirabeau est certes éclairé mais avec une tonalité douce respectueuse des magnifiques fontaines et platanes et, lorsqu'on emprunte les jolies rues du centre-ville, la lumière des réverbères est chaleureuse et faible, à l'ancienne. Cela rend la soirée paisible et incite les personnes à chuchoter plutôt qu'à crier. À Paris, au contraire, même si le raisonnement d'économie d'énergie a été appliqué, les réverbères sont remplacés le plus souvent par des lampes à LED blanches et éblouissantes, sans variation au cours de la nuit. La moitié des appartements sont perturbés par la pollution lumineuse. Les lois limitant l'éclairage des bureaux et des vitrines de commerces sont très irrégulièrement appliquées et sans réel contrôle. De nombreux étages de bâtiments publics, bureaux, ministères, facultés restent allumés toute la nuit, y compris le week-end alors que les tours de la Défense ont fait un véritable effort de couvre-feu.

L'un ne va pas sans l'autre, et c'est souvent dans les zones les plus éclairées qu'il y a le plus de bruit, avec une grande difficulté de dialogue entre les résidents et les passants. C'est le rôle des municipalités et des régions de susciter un changement de comportement la nuit. Chacun est bien sûr libre de se détendre, de sortir, de voir des amis, d'aller dîner dehors mais dans le respect des autres.

Proposer aux adultes de mieux gérer leurs rythmes de jour pour une nuit paisible

C'est un challenge difficile : comment revenir vers un meilleur équilibre jour-nuit quand on a pris l'habitude de négliger son sommeil en le réduisant au minimum, entraîné dans un comportement très dépendant des écrans, s'écroulant épuisés après quelques séries, des dizaines de messages et photos échangés, des centaines de like, sur ceux qui nous sont parvenus, dans une ambiance anxieuse vis-à-vis de la politique, de l'évolution du monde et de la planète ? Est-ce qu'il n'est pas trop tard ? Il faut voir la panique qui nous prend lorsque nous perdons notre téléphone ou que le Wi-Fi est coupé. Soit la technologie elle-même va nous aider et l'intelligence artificielle nous permettra de trier entre toutes ces influences pour nous permettre plus d'équilibre. J'en doute. Soit il faut parvenir à changer les comportements et c'est un travail de longue haleine qui va prendre des années. Avec Santé publique France et l'agence Behavioural Insights Team, spécialisée dans les déterminants neurocognitifs de nos comportements, nous tentons de comprendre comment les adultes font le choix de dormir ou de rester éveillé pour continuer leurs tâches nocturnes. Après une enquête qualitative détaillée, nous chercherons à susciter des changements volontaires et motivés par le plaisir auprès des adultes privés de sommeil.

Préserver et contempler cette part de nuit qui nous reste

La nuit est la partie injustement méconnue de notre écologie, elle est comme les océans auxquels nous consacrons maintenant plus de force et d'énergie, un univers exceptionnel, dépassant même celui de notre planète, nous mettant en lien avec l'univers que nous pouvons contempler gratuitement et sans limite. Pendant la nuit se déploient de multiples espèces encore préservées, insectes, rongeurs, oiseaux, mais aussi le grand gibier de nos forêts. Éclairés par la lune et les étoiles nous sommes déjà les spectateurs de cette transformation magique de notre habitat qui nous rend songeurs sur notre destin, toujours cyclé, comme le jour et la nuit, de périodes de lumière et d'ombre.

Références par ordre de citation dans le texte

Léger D., Beck F., Richard J.-B., « Sleep loss in the homeless-an additional factor of precariousness : Survey in a group of homeless people », *JAMA Intern. Med.*, 2017, 177 (2), p. 278-279.

ANSES, *L'Anses confirme les risques pour la santé liés au travail de nuit*, 2016 (https://www.anses.fr/fr/content/l%E2%80%99anses-confirme-les-risques-pour-la-sant%C3%A9-li%C3%A9s-au-travail-de-nuit).

Houot M. T., Tvardik N., Cordina-Duverger E. *et al.*, « A 34-year overview of night work by occupation and industry in France based on census data and a sex-specific job-exposure matrix », *BMC Public Health*, 2022, 22, p. 1441.

Léger D., Giordanella J.-P., Frioux D., Saint Pol T., Hardy A., Hebel P., Fatoux F., *Retrouver le sommeil, une affaire publique*, Terra Nova, 2016 (https://tnova.fr/site/assets/files/11788/25042016_-_retrouver_le_sommeil__une_affaire_publique.pdf?10xue).

Faraut B., Andrillon T., Vecchierini M.-F., Léger D., « Napping : A public health issue. From epidemiological to laboratory studies », *Sleep Med. Rev.*, 2017, 35, p. 85-100.

Thoret É., Andrillon T., Gauriau C, Léger D., Pressnitzer D., « Sleep deprivation detected by voice analysis », *PLoS Comput. Biol.*, 2024, 20 (2), e1011849.

Carrillo-Gonzalez A., Camargo-Mendoza M., Cantor-Cutiva L. C., « Relationship between sleep quality and stress with voice functioning among college professors : A systematic review and meta-analysis », *Journal of Voice : Official Journal of the Voice Foundation*, 2021, 35 (3), p. 499. e13-499.e21.

Ben Simon E., Vallat R., Rossi A., Walker M. P., « Sleep loss leads to the withdrawal of human helping across individuals, groups, and large-scale societies », *PLoS Biol.*, 2022, 20 (8), e3001733.

Casiraghi L., Spiousas I., Dunster G. P., McGlothlen K., Fernández-Duque E., Valeggia C., De la Iglesia H. O., « Moonstruck sleep : Synchronization of human sleep with the moon cycle under field conditions », *Sci. Adv.*, 2021, 7 (5), eabe0465.

Trousselard M., Léger D., Van Beers P., Coste O., Vicard A., Pontis J., Crosnier S. N., Chennaoui M., « Sleeping under the ocean : Despite total isolation, nuclear submariners maintain their sleep and wake patterns throughout their under sea mission », *PLoS One*, 2015, 10 (5), e0126721.

Beck F., Léger D., Fressard L., Peretti-Watel P., Verger P., The Coconel Group, « Covid-19 health crisis and lockdown associated with high level of sleep complaints and hypnotic uptake at the population level », *Journal of Sleep Research*, 2020, 30 (1), e13119.

Léger D., Beck F., Fressard L., Verger P., Peretti-Watel P., The Coconel Group, « Poor sleep associated with overuse of media during the Covid-19 lockdown », *Sleep*, 2020, 43 (10), zsaa125.

Lapaige V., Essiembre H., « Innoversity fin knowledge-for-action and adaptation to climate changes : The first stepof an “evidence-based climatic health” transfrontier training program », *Adv. Med. Educ. Pract.*, 2010, 1, p. 89-105.

Baromètre santé : Léger D., Beck F., Richard J.-B., « Sleep loss in the homeless-an additional factor of precariousness : Survey in a group of homeless people », *JAMA Intern. Med.*, 2017, 177 (2), p. 278-279.

Quiquempoix M., Sauvet F., Erblang M., Van Beers P., Guillard M., Drogou C., Trignol A., Vergez A., Léger D., Chennaoui M., Gomez-Merino D., Rabat A., « Effects of caffeine intake on cognitive performance related to total sleep deprivation and time on task : A randomized cross-over double-blind study », *Nat. Sci. Sleep.*, 2022, 14, p. 457-473.

Erblang M., Sauvet F., Drogou C., Quiquempoix M., Van Beers P., Guillard M., Rabat A., Trignol A., Bourrilhon C., Erkel M. C., Léger D., Thomas C., Gomez-Merino D., Chennaoui M., « Genetic determinants of neurobehavioral responses to caffeine administration during sleep deprivation : A randomized, cross over study (NCT03859882) », *Genes* (Basel), 2021, 12 (4), p. 555.

Saguin É., Gomez-Merino D., Sauvet F., Léger D., Chennaoui M., « Sleep and PTSD in the military forces : A reciprocal relationship and a psychiatric approach », *Brain Sci.*, 2021, 11 (10), p. 1310.

Chennaoui M., Arnal P.-J., Sauvet F., Léger D., « Sleep and exercise : A reciprocal issue ? », Sleep Med. Rev., 2015, 20, p. 59-72.

Chennaoui M., Vanneau T., Trignol A., Arnal P.-J., Gomez-Merino D., Baudot C., Perez J., Pochettino S., Eirale C., Chalabi H., « How does sleep help recovery from exercise-induced muscle injuries ? », *J. Sci. Med. Sport.*, 2021, 24 (10), p. 982-987.

Région Auvergne-Rhône-Alpes et Fédération française des industries des sports et de loisirs, *Le Trail un phénomène en expansion*, 2020 (https://pro.auvergnerhonealpes-tourisme.com/wp-content/uploads/2020/12/LE-TRAIL-UN-PHENOMENE-EN-PLEINE-EXPANSION.pdf).

Table

Cet ouvrage a été composé
en Electra et en Whitney
par Nord Compo
à Villeneuve-d'Ascq (Nord).

N° d'édition : 4150-1187-X – N° d'impression : 042581391
Dépôt légal : mai 2025

Imprimé en France par Présence Graphique